自然灾害风险公路防治工程实施技术指南

人民交通出版社股份有限公司

北 京

图书在版编目（CIP）数据

自然灾害风险公路防治工程实施技术指南 / 交通运输部路网监测与应急处置中心主编. — 北京：人民交通出版社股份有限公司, 2023.9
ISBN 978-7-114-18370-6

Ⅰ.①自… Ⅱ.①交… Ⅲ.①自然灾害—影响—公路运输—交通运输安全—安全管理—指南 Ⅳ.①U492.8-62

中国版本图书馆 CIP 数据核字（2022）第 235130 号

Ziran Zaihai Fengxian Gonglu Fangzhi Gongcheng Shishi Jishu Zhinan

书　　名：	自然灾害风险公路防治工程实施技术指南
著 作 者：	交通运输部路网监测与应急处置中心
责任编辑：	黎小东
责任校对：	赵媛媛　龙　雪
责任印制：	张　凯
出版发行：	人民交通出版社股份有限公司
地　　址：	（100011）北京市朝阳区安定门外外馆斜街 3 号
网　　址：	http：//www.ccpcl.com.cn
销售电话：	（010）59757973
总 经 销：	人民交通出版社股份有限公司发行部
经　　销：	各地新华书店
印　　刷：	北京市密东印刷有限公司
开　　本：	880×1230　1/16
印　　张：	7
字　　数：	130 千
版　　次：	2023 年 9 月　第 1 版
印　　次：	2023 年 9 月　第 1 次印刷
书　　号：	ISBN 978-7-114-18370-6
定　　价：	70.00 元

（有印刷、装订质量问题的图书，由本公司负责调换）

交通运输部办公厅关于印发《自然灾害风险公路防治工程实施技术指南》的通知

交办公路函〔2023〕1308号

各省、自治区、直辖市、新疆生产建设兵团交通运输厅（局、委）：

为加强第一次自然灾害综合风险公路（水路）承灾体普查成果应用，现印发《自然灾害风险公路防治工程实施技术指南》（以下简称《指南》），用于自然灾害风险公路防治工程实施的技术指导。各地要结合实际，及时总结提炼，与《指南》编制单位加强沟通交流，发现问题及时反馈。《指南》编制单位要注意收集《指南》使用情况，加强技术指导。

部公路局联系电话：010-65292747；编制单位电话：010-65299108，邮箱：zhang.ht@hmrc.net.cn。

交通运输部办公厅

2023年9月4日

前 言

自2020年以来,按照国务院第一次自然灾害综合风险普查工作部署,交通运输部积极组织开展自然灾害综合风险公路水路承灾体普查工作,完善了交通设施属性数据库,摸清了自然灾害风险底数,培养了一批专兼结合的技术人员队伍,取得了丰硕成果。

2022年6月29日,交通运输部印发了《关于加强第一次自然灾害综合风险公路水路承灾体普查成果应用的指导意见》,从健全防灾减灾机制、加强自然灾害风险防控、深化拓展成果应用等方面推动普查成果在公路水路行业全过程全方位应用,提升公路水路承灾体自然灾害风险监测分析、预警预防、应急响应、设施养护等方面能力和水平,构建系统、完善的公路水路自然灾害综合防控管理体系。

为了加快推进普查成果的应用,规范和指导自然灾害风险公路防治工程实施,按照交通运输部公路局部署,编写组组织各地研究单位和专家编写了《自然灾害风险公路防治工程实施技术指南》。

指南分为8章,包括总则、总体要求、崩塌、滑坡、泥石流、沉陷与塌陷、水毁、其他灾害,主要针对自然灾害风险的分级管控原则、防治工程技术要求,以及自然灾害风险养护检查、监测、勘察、设计、实施、验收评估等方面作出了规定。

请各有关单位在实践中注意总结经验,将发现的问题和意见及时函告交通运输部路网监测与应急处置中心(联系人:张恒通,电话:010-65299108,邮箱:zhang.ht@hmrc.net.cn),以便及时修改。

主编单位: 交通运输部路网监测与应急处置中心

参编单位: 中交第一公路勘察设计研究院有限公司
北京交科公路勘察设计研究院有限公司
甘肃省交通运输厅
贵州省交通规划勘察设计研究院股份有限公司
新疆交通规划勘察设计研究院有限公司
浙江数智交院科技股份有限公司
四川省公路规划勘察设计研究院有限公司

四川奥思特边坡防护工程有限公司

编写人员：杨　峰　夏旺民　姚　焜　刘卫民　董　刚　曾　耀
　　　　　朱益军　刘道川　张恒通　彭　李　蔡庆娥　刘淞男
　　　　　赵越超　吴小虎　周可夫　张晓航　陈开强　徐　岩
　　　　　胡昌涛　刘自强　王钟文　李金柱　安玉科　李　威
　　　　　应　伟　陈建刚　魏土荣

审查人员：杨　亮　蔡小秋　虞丽云　许湘华　吕厚全　李　林
　　　　　杨　宁　王　中　吴万平　张　华　吴有铭　龙万学
　　　　　杨昌凤　袁永新

参加人员：朱冬春　岳　超　赵宏卓　尉学勇　尹曦辉　赵　冬
　　　　　刘　杰　朱学武　石安琪　吴　涤　曹　俊　李　宾

目 录

1 总则 …………………………………………………………………… 1
   1.1 编制目的 ……………………………………………………… 1
   1.2 实施原则 ……………………………………………………… 1
   1.3 适用范围 ……………………………………………………… 1
   1.4 相关标准 ……………………………………………………… 1
2 总体要求 ……………………………………………………………… 2
   2.1 一般规定 ……………………………………………………… 2
   2.2 实施步骤与要求 ……………………………………………… 2
3 崩塌 …………………………………………………………………… 9
   3.1 一般规定 ……………………………………………………… 9
   3.2 养护检查 ……………………………………………………… 9
   3.3 监测 …………………………………………………………… 10
   3.4 治理 …………………………………………………………… 12
   3.5 单项防治工程 ………………………………………………… 18
4 滑坡 …………………………………………………………………… 25
   4.1 一般规定 ……………………………………………………… 25
   4.2 养护检查 ……………………………………………………… 25
   4.3 监测 …………………………………………………………… 26
   4.4 治理 …………………………………………………………… 29
   4.5 单项防治工程 ………………………………………………… 34
5 泥石流 ………………………………………………………………… 46
   5.1 一般规定 ……………………………………………………… 46
   5.2 养护检查 ……………………………………………………… 46
   5.3 监测 …………………………………………………………… 47
   5.4 治理 …………………………………………………………… 49
   5.5 单项防治工程 ………………………………………………… 58

6 沉陷与塌陷 ··· 61
6.1 一般规定 ··· 61
6.2 路基沉陷 ··· 61
6.3 采空区塌陷 ·· 65
6.4 岩溶塌陷 ··· 67
6.5 单项防治工程 ·· 70

7 水毁 ··· 77
7.1 一般规定 ··· 77
7.2 路基水毁 ··· 78
7.3 桥涵水毁 ··· 84

8 其他灾害 ·· 89
8.1 一般规定 ··· 89
8.2 风吹雪 ·· 89
8.3 雪崩 ··· 95
8.4 涎流冰 ·· 97
8.5 风沙 ··· 100

1 总则

1.1 编制目的

为推进自然灾害综合风险公路承灾体普查成果应用，加强自然灾害风险管控，提高公路基础设施防灾抗灾水平，指导全国自然灾害风险公路防治工程实施，制定本指南。

1.2 实施原则

自然灾害风险公路防治工程是一项系统工程，其实施是一个长期、持续、不断改进的过程，应统筹规划、因地制宜、科学施策、持续完善，遵循"动态管理、分级管控、预防为主、防治结合"的原则，结合当地经济社会发展水平和自然灾害发育特征，综合采取技术措施和管理措施进行有效防治，稳步提升公路基础设施防灾抗灾水平。

1.3 适用范围

本指南适用于自然灾害风险公路防治工程。自然灾害类型包括崩塌、滑坡、泥石流、沉陷与塌陷、水毁、其他灾害（风吹雪、雪崩、涎流冰、风沙）。

1.4 相关标准

自然灾害风险公路防治工程除应满足本指南的有关规定外，尚应符合国家和行业现行有关标准的规定。

2 总体要求

2.1 一般规定

2.1.1 自然灾害风险公路防治工程（以下简称"防治工程"）应基于普查成果及养护过程中的动态数据，完善公路自然灾害风险数据库和防治工程项目库，统筹规划，科学实施，并加强养护检查，及时更新数据库和项目库，对自然灾害风险进行全过程动态管理。

2.1.2 防治工程应根据自然灾害风险等级，结合实际，采取分级分类管控措施，编制防治规划和年度防治计划。

2.1.3 防治工程应加强全过程管理，各阶段管理要求应与公路工程养护管理体系相适应。

2.1.4 自然灾害风险防治应加强与当地相关部门协调，加强数据信息共享。

2.1.5 防治工程施工期间应加强施工安全保障措施和交通组织，降低施工对路网运行的影响。

2.1.6 应在满足自然灾害防治要求的基础上，积极稳妥地采用新技术、新材料、新工艺、新产品。

2.2 实施步骤与要求

2.2.1 防治工程实施

防治工程实施分为风险预防和风险治理两个部分，包括风险点入库与更新、分级管控两个阶段，其工作流程图如图2.2.1所示。

2.2.2 风险点入库与更新

结合全国第一次自然灾害综合风险公路承灾体普查成果，建立自然灾害风险点数据库，通过养护检查，开展风险点辨识与复核，并进行风险评价，更新自然灾害风险点数据库。

2.2.3 风险分级管控

根据自然灾害风险点风险等级，实施分级管控。

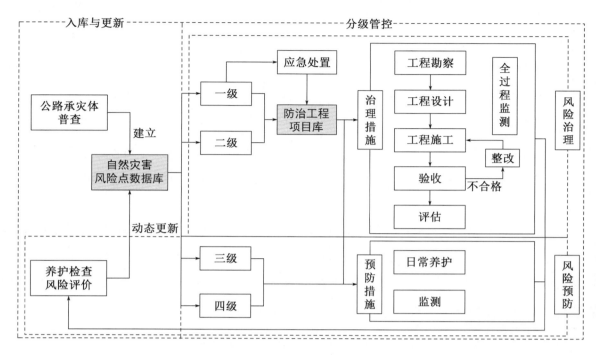

图 2.2.1 自然灾害风险公路防治工程实施工作流程图

1 风险等级为四级的风险点，应按公路养护管理要求开展日常巡查。

2 风险等级为三级的风险点，应加强养护检查和日常养护，必要时进行监测，并根据实际情况进行预防养护和修复养护，可依据当地情况开展专项养护。

3 风险等级为二级的风险点，应按要求纳入防治工程项目库，按照"轻重缓急、分区分段、突出重点"的原则，有序开展防治工程，加强全过程管理。

4 风险等级为一级的风险点，应开展应急处置，及时纳入防治工程项目库，实施防治工程，加强全过程管理。

5 对于规模大、致灾因素较为复杂，暂时无法整治的风险等级为一级和二级的风险点，应及时采取必要的防范措施，加强监测，设置警示标志，会商有关部门进行交通管制。

6 对于公路用地范围以外非工程活动引起的可能影响公路运行安全的高风险等级自然灾害风险点，应及时报告地方政府，在地方政府统一领导下，科学评估致灾影响，健全部门联动机制，并落实相关专项应急预案。

2.2.4 养护检查

1 日常巡查应对沿线所有自然灾害风险点进行检查，初步判断是否存在安全风险，以及防护工程是否需要进行维修。每次检查后应及时做好记录，对检查中发现的病害及险情应及时上报。

2 日常巡查一般采用巡视目测方法，可配以简单工具进行测量，记录所检查项目的完好状态、缺损情况、影响范围及产生原因等，提出相应的养护措施；如发现有明显变形破坏或其防护加固工程结构存在明显缺损，应进一步查明原因，必要时及时向上级部门报告。

3 日常巡查范围宜包括公路沿线可视范围内的边坡、构造物、防治工程以及可能发生自然灾害的区域等。

4 日常巡查频次宜每月不少于1次，高速公路和交通量较大的普通国省道宜每周不少于1次，可结合路况巡查一并开展，地震、汛期、暴雪等恶劣天气期间应增加巡查频次。

5 定期检查应结合公路路基状况调查与评定一并进行，以目测结合仪器检查为主，必要时辅以挖探钻探、地球物理勘探、无人机航拍、三维激光扫描等手段，对自然灾害风险点各部位进行详细检查，并全面评价自然灾害风险点风险状态。应及时做好记录，对检查中发现的异常情况应及时报告。

6 定期检查应在充分收集、利用已有资料（包括勘察资料、航摄资料、基础数据和图件照片等）的基础上进行。

7 定期检查应调查和采集灾害风险点的基本信息、灾害历史信息和现状信息，并进行风险评价，更新自然灾害风险点数据库和防治工程项目库。

8 定期检查周期宜依据公路技术状况，结合当地实际情况确定，最长不得超过3年。

2.2.5 监测

1 自然灾害风险点监测分为运营期监测、治理工程施工期监测（即施工期监测），具体应符合下列规定：

1）运营期宜对存在潜在风险或高风险等级的风险点进行监测，以掌握风险点长期稳定性变化情况。监测周期根据风险点风险等级、病害特点、危害程度、稳定状态等确定，优先采用自动监测，并不少于2个水文年。

2）施工期宜对自然灾害风险点进行实时动态监控，及时指导工程实施。监测周期应与施工期一致，优先采用自动监测。

2 应根据风险等级、风险点类型、监测阶段编制监测方案，并根据公路条带分布的特点，因地制宜选择监测手段。

3 统筹规划运营期与施工期监测，应根据监测阶段、风险等级、工程特征、监测内容及现场情况经综合论证，进行监测点网布置和监测频率的确定，并应符合下列规定：

1）监测点网布置应统筹兼顾、突出重点，能系统监控风险点自身及周边环境因素的活动特征和发展趋势。

2）监测点应反映监测对象的实际状态及变化趋势，宜布置在监测参数可能变化较大的位置。

3）监测点的位置和数量宜根据监测对象、技术要求、监测项目及分析结果确定；监测点的数量和布置范围应留有富余，重要部位宜增加监测点。测点位置应便于设备安装、测度、维护和更换。

4）基准点应设置在变形区以外通视条件较好，且易于长期保存的稳定、安全、可靠位置。测点应与基准点构成能够满足精度要求的监测网形，且宜埋设在方便观测和稳固的基础上。

5）在雨季、应急抢险期间或其他不利情况下，应提高监测频率。

4 监测仪器设备应满足监测精度要求，性能稳定可靠，抗干扰和适应恶劣环境能力强。

5 应做好数据采集或过程检查的原始记录，准确、清晰、完整地记载数据和情况；及时对监测资料进行编录、整理、统计分析与校核，发现监测数据异常时，及时分析原因，进行必要的现场复核或复测，存在变形异常并可能产生严重后果时，应及时上报并采取必要的应急措施。

6 及时进行监测数据处理和分析，提出监测结论和建议并上报。

2.2.6 工程勘察

1 工程勘察应本着"手段合理、内容全面、结论准确可靠"的原则，收集和充分分析基础资料，并进行现场踏勘，编制勘察大纲，实施勘察，为防治工程设计提供可靠的依据。

2 工程勘察宜采用一阶段勘察，对条件复杂的风险点可分阶段进行。

3 工程勘察应满足防治工程设计的技术要求。对治理工程场地开展有针对性的勘察，宜采用工程地质调绘、遥感、勘探、测试和试验、监测等方法。

4 工程勘察应确定自然灾害体的分布范围、规模大小、形成机制、形态特征，并对自然灾害体的稳定性、发展趋势、危害对象及危害程度等作出评价。应查明防治工程区自然灾害体物质组成、结构特性、空间分布特征，以及地下水类型及其富水程度和空间分布特征，为防治工程设计、施工提供详细的工程地质与水文地质资料以及岩土体的物理力学性质指标参数。对防治工程的结构形式、埋置深度及工程施工等提出建议。

5 应确保现场勘察工作各种原始资料的完整性、准确性和可靠性。勘察报告应资料完整、真实可靠、分析有据、评价合理、结论正确、建议可行。

2.2.7 工程设计

1 工程设计应依据勘察成果，地形地质条件，灾害性质、成因、规模、稳定状况及对公路的危害程度，分析灾害发生条件、发展趋势及主要诱发因素，结合施工条件，确定灾害防治技术对策与工程措施。

2 工程设计宜采用一阶段施工图设计，技术特别复杂的可分阶段设计。

3 工程设计应根据灾害稳定性评价结果和保护对象的要求，进行多方案的技术经济比较，因地制宜，综合防治。

4 对于规模大、性质复杂、变形缓慢且短期内难以查明其性质的自然灾害，可全面规划、分期治理。分期治理时，应保证各种因素的变化不影响公路的安全运行。

5 防治工程设计的荷载组合、强度标准和安全系数应依据相应的现行规范选取。

6 结构设计应满足强度、稳定性、耐久性要求；结构类型选择及设置位置应满足安全可靠、经济合理、便于施工和养护的要求；结构材料应满足生态环保的要求。

7 防治工程宜结合运营期公路特点，在综合评价基础上充分利用既有防护结构。

8 防治工程应充分考虑临时工程的可利用性，永临结合。

9 防治工程设计应提出施工要求、监测要求及检测要求。

10 工程设计应采用动态设计法。及时掌握施工现场的地质状况、施工情况和变形、应力监测信息，必要时对原设计做校核、修改或进行变更设计。

11 工程设计文件宜从实施必要性、设计文件完整性、技术方案合理性、工程造价经济性等方面进行审查。

2.2.8 工程施工

1 工程施工前，应组织图纸会审和技术交底，施工单位在全面熟悉设计文件的基础上，现场复核，发现问题应根据有关程序提出修改意见。

2 施工单位应依据设计方案及施工环境条件，编制详细的施工组织设计、专项施工方案、应急预案，经批准后进行施工。

3 施工组织设计应包含交通组织实施方案及路段保通方案，施工作业应选择合理的交通组织方式，确保治理工程实施和公路运行安全。

4 施工单位应根据项目特点制订项目应急预案，告知相关人员紧急避险措施，并定期组织演练。遇有灾害险情时，应科学、有序、安全、快速地组织实施灾害应急抢险工程，尽快恢复交通。

5 工程施工时，应当建立健全工程质量检查管理体系，通过抽查、委托专业机构检查、自查等方式确保工程质量。

6 工程施工除应急抢险工程外宜避开当地主汛期，可根据工程方案合理安排施工工序。

7 工程施工过程中应加强安全管理，临建设施应布置在安全稳定区域，必要时进行地质灾害危险性评估，并开展施工期安全监测。

8 工程施工所用材料、半成品、构（配）件等进入施工现场时，应按设计及相关规范要求进行进场检验，检验应有书面记录和专人签字，并规范存放。未经检验或检验不合格的，不得使用。

9 应根据设计和相关规范要求，按工序施工，各工序应进行质量控制；隐蔽工程应进行检查、检测和验收，并完善档案资料；各工序及相关专业之间均应进行交接检验，并做好检验记录。

10 应遵循动态设计、信息化施工原则，根据监测数据分析结果和揭露的地质信息变化情况，对设计方案提出调整或优化建议，及时调整相应的施工方案。

2.2.9 工程验收

1 防治工程宜按一阶段验收执行，技术复杂程度较高或投资规模较大的防治工程应按交工验收和竣工验收两阶段执行。

2 一阶段验收的防治工程项目，应在工程完工后6个月之内完成验收；两阶段验收的防治工程项目，应在工程完工后及时组织交工验收，在工程质量缺陷责任期满后12个月之内完成竣工验收。工程质量缺陷责任期一般为6个月，最长不超过12个月。

3 工程验收应具备下列条件：

1）完成设计文件和合同约定的各项内容。

2）完成全部技术档案和施工管理资料整理归档，并录入相应的管理系统（如有）。

3）施工单位按相关标准、规范、规定对工程质量自检合格。

4）工程质量缺陷问题已整改完毕。

5）施工单位完成工作总结报告。

6）按规定需进行专业检测的，检测机构对工程质量鉴定完毕并出具检测报告。

7）完成财务决算。

8）法律、法规、规章规定的其他条件。

4 工程验收宜包括下列工作内容：

1）检查合同执行情况。

2）查阅设计、施工、监理单位（若有）提交的相关资料。

3）抽查工程建设情况与工程设计的一致性。

4）核实工程完工数量是否与设计文件相符，是否与工程计量数量一致。

5）给出工程质量是否合格的验收结论。

5 各分项工程应依据相关验收评定标准和本指南要求，按基本要求、实测项目、外观质量等检验项目分别查验。

6 验收不合格项目，应按要求进行整改。

2.2.10 总结与评估

1 建设单位应对防治工程实施情况进行总结，形成总结报告，包括完成情况、工作成效、主要措施和经验。

2 宜在防治工程项目竣工验收后两年内且至少经过 1 个水文年开展工程治理效果评估，评估宜包括下列内容：

1）分析防治工程能否按照设计目标有效遏制灾害或保护承灾体。

2）分析防治工程的可行性、合理性和可靠性，并评价其功能或效果。

3）分析防治工程是否与周围的环境相协调，有利于公路交通的可持续发展。

3 崩塌

3.1 一般规定

3.1.1 崩塌指陡坡或陡崖上的岩土体离开母体下落的现象，以及可能离开母体下落的岩土体，以垂直或翻滚运动形式为主的破坏。

3.1.2 崩塌防治范围应包括公路边坡开挖线以外至一级谷肩，对于一级谷肩以外至分水岭存在明确的且对公路运行安全影响较大的崩塌宜一并进行防治。

3.1.3 应根据崩塌类型、规模、范围、崩塌体的大小和崩塌方向、水的活动规律等因素，针对其危害程度和保护对象采取相应的防治措施。

3.1.4 崩塌治理工程措施应兼顾生物措施、保护自然生态环境，重点考虑防治工程的针对性和综合性。

3.2 养护检查

3.2.1 日常巡查

1 对公路沿线崩塌风险点的坡顶、坡面、碎落台、边沟、防护工程等部位进行日常巡查，主要包括下列内容：

1）检查边坡坡面完整性，是否有剥落、落石等；坡体有无裂缝发展。
2）排水设施是否良好，是否堵塞、破损、断裂等。
3）坡面防护工程有无变形开裂、勾缝脱落、剥落、鼓胀、渗水等。
4）拦石墙有无变形开裂、鼓胀、沉降、倾斜、坍塌、基础外露等。
5）锚杆（锚索）是否锈蚀、失效、断裂。
6）柔性防护网系统的构件和材料是否锈蚀，防护网是否兜石、破损，锚固点是否破损或失效。
7）其他损坏或病害。

2 日常巡查中发现隐患时，应及时进行处置，主要措施包括：清理落石、清理崩塌堆积物、修补和维护排水系统和防护工程、设置警示标志、临时交通管制、灾情上报等。

3.2.2 定期检查

1 崩塌定期检查宜包括下列内容：

1）危岩体位置、形态、分布、高程、规模，地层岩性、地形地貌、岩（土）体结构类型、斜坡结构类型。

2）降雨及河流的影响，包括降雨量及崩塌相对河流的位置（河流冲切情况）。

3）软弱（夹）层、断层、褶曲、裂隙、裂缝、临空面、侧边界、底界（崩滑带）及其对危岩体的控制和影响。

4）防护工程破损情况。

5）崩塌近期发生时间；崩塌方式、崩塌块体的运动路线和运动距离；崩塌造成的危害。

6）崩塌堆积体的分布范围、高程、形态、规模、物质组成、分选情况、植被生长情况、块度、结构、架空情况和密实度。

2 根据灾害发生频次、历史灾害危害程度、灾害处治情况、灾害现状情况、公路重要性指标，进行风险评价，提出风险防控措施。

3.3 监测

3.3.1 监测内容

崩塌监测宜根据监测阶段、风险等级按表3.3.1确定监测项目及内容。

表 3.3.1 崩 塌 监 测 内 容

监测项目		监测阶段及风险等级					
		运营期监测			施工期监测		
		一级	二级	三级	一级	二级	三级
变形监测	地表位移	√	√	○	√	√	√
	倾斜	√	△	○	√	√	△
	裂缝	√	√	△	√	√	√
	建（构）筑物变形	√	△	○	√	√	√
应力应变监测	锚杆（索）应力	√	△	○	√	△	○
影响因素监测	地下水位	√	○	○	√	√	○
	孔隙水压力	○	○	○	○	○	○
	降雨量	√	○	○	√	√	○
	工程活动	△	△	△	△	△	△
振动监测	地声	√	○	○	√	√	○
宏观前兆		√	√	√	√	√	√

注：√-应做；△-宜做；○-可做。

3.3.2 监测方法

崩塌监测应根据监测项目、监测环境条件等因素按表3.3.2选定监测设备，宜采用自动化监测方法。

表3.3.2 崩塌监测设备选取

监测项目	常用监测方法及设备	监测目的
地表位移	全球导航卫星系统（GNSS）、全站仪、三维激光扫描仪、拉线式位移计、合成孔径干涉雷达（InSAR）、加速度计	监测崩塌体地表位移、变形发展情况
倾斜	倾角仪、倾斜盘	监测崩塌体的倾斜程度
裂缝	伸缩仪、错位计、裂缝计、位移计、收敛计	监测裂缝发展情况
锚杆（索）应力	锚索测力计	监测锚索预应力动态变化
地下水位	水位计	监测地下水位变化及与降雨的关系
孔隙水压力	孔隙水压力计	监测孔隙水压及变化情况
降雨量	雨量计	监测区域降雨情况
工程活动	振动监测仪、加速度计、视频监控	监测工程活动情况
地声	声发射仪	监测声发射的响应频率值变化
宏观前兆	一体化摄像机、人工巡查	监测崩塌区表观变化情况、宏观变形迹象等

3.3.3 监测点网布置

1 倾倒式崩塌监测断面一般沿倾倒方向布置；滑移式崩塌、鼓胀式崩塌监测断面一般沿滑移、倾斜方向布置；拉裂式崩塌、错断式崩塌监测断面应垂直于拉裂缝布置。

2 监测断面和监测点数量宜按表3.3.3的要求选择，变形加大时应增设监测点。

表3.3.3 崩塌监测点网布置数量

项目	风险等级	
	二级	一级
监测断面	不少于1条	不少于3条
控制性断面上地表位移监测点	不少于2个	不少于3个
控制性断面上倾斜监测点	不小于1个	不小于2个
控制性断面上地下水监测点	—	不小于1个
控制性裂缝相对位移监测点	不少于1个	不少于3个
雨量监测点	不少于1个	不少于1个

3 监测断面宜延伸至危岩体后缘稳定岩土体不小于50m，以及崩塌堆积体之外斜坡以下不小于30m。

4 崩塌监测点布置宜符合下列要求：

1）监测点布置在能反映崩塌体变化趋势的关键及代表性部位，并尽可能布置在监测断面上，偏离断面不宜超过 10m。

2）绝对位移基准点布置在崩塌外围稳定岩土体上，绝对位移监测点宜布置在被裂缝切割的重要块体表面、临空面顶部和崩塌堆积体斜坡上，每条剖面的监测点数量一般不宜少于 3 个。

3）裂缝相对位移监测点布置在控制性裂缝中部及裂缝发展方向，且尽可能位于监测断面上，每条裂缝最少有 1 个三向（垂直裂缝方向、平行裂缝方向和重力方向）位移监测点。

4）地面倾斜监测点布置在倾倒式崩塌、拉裂式崩塌的临空面顶部倾斜角变化最大部位。

5）降雨量监测点、视频监测点设置在崩塌可能影响的范围之外。

6）应力监测点宜结合预应力锚杆（索）等防治工程措施布置，数量不宜低于总量的 5%，且不宜少于 3 个，一般呈网格状布置。

3.3.4 监测频率

1 崩塌监测频率宜综合考虑监测阶段、监测内容、监测方法及监测地质环境等因素确定，并应符合表 3.3.4 的规定。

表 3.3.4 崩 塌 监 测 频 率

监 测 阶 段	监 测 频 率
运营期监测	≥2 次/月
施工期监测	≥1 次/d

2 当出现下列情况时，应提高监测频率：

1）监测数据变化较大、变形速率加快或风险点出现险情时。

2）防治工程施工可能对风险点产生扰动时。

3.4 治理

3.4.1 勘察要点

1 崩塌勘察应查明崩塌区地质环境条件及边坡剖面特征，评价危岩体、崩塌堆积体的稳定状态及其发展趋势，预测危岩体的规模及形成堆积体、落石危害的范围，并提出治理方案建议。

2 崩塌勘察以工程地质测绘和调查为主，勘探为辅，亦可采用三维激光扫描、工程物探、摄影测量和机载雷达（LiDAR）等方法。

3 收集当地气象、水文及地震资料，查明地表水与地下水对崩塌落石的影响。

4 测绘比例尺宜采用1∶500～1∶1000，纵断面宜采用1∶200。

5 对有覆盖层的地段宜布置适量的探井进一步查明地层、地质构造及节理裂隙发育程度，同时采取岩土试样进行物理力学性质试验，为崩塌体的稳定性验算提供计算参数。

6 当崩塌体规模较大时，勘探线按其活动中心，贯穿崖顶、锥顶、岩堆前缘弧顶布置，勘探线间距不宜大于50m，每个崩塌体至少有1条勘探线。

7 勘探线上的钻探孔深宜至崩塌体以下不小于5m，以查明岩土软弱夹层、含腐殖物夹层和地下水等情况。

8 当岩石陡峭时可采用地层岩性描述、节理统计方法，可不布置勘探点。

9 根据地质条件、失稳模式、规模和危害性等进行崩塌定性或定量稳定性评价，分析危岩体的运动特征，并提供相关图件，标明危岩的分布、大小、数量及落石运动轨迹。

1）稳定性定性分析可选择赤平投影法或定性分级法进行。定量计算宜采用极限平衡方法进行，根据失稳模式可选用平面形滑动分析、楔形体滑动分析、折线形滑动分析、倾倒破坏分析等。

2）危岩体运动特征分析宜根据现场调查的危岩体方量、块径与形状等计算分析危岩落石的运动轨迹、冲击动能、弹跳高度等，并结合已发生的落石或现场试验落石运动特点综合分析危岩崩塌的危害性。

3.4.2 设计要点

1 崩塌治理工程设计应根据崩塌类型、规模、范围、方向、运动轨迹及冲击能量、水的活动规律等因素，充分结合地形地貌，针对其危害程度和保护对象采取相应的工程措施，进行综合治理。

2 危岩体加固的高度及范围，可根据上部危岩的稳定性和下部崩塌体的最大影响范围综合分析确定。

3 崩塌治理宜以清除危岩体为主，在有条件的情况下，应放缓坡率、清除危岩。不具备清除条件时可采取其他工程措施。

4 具备支撑条件时，宜优先采用支撑技术或具有支撑性能的综合治理措施，可视地形和岩层情况，采用钢筋混凝土柱或浆砌片块石支撑加固，以保持危岩体的稳定性。

5 差异性风化形成的危岩体宜采用嵌补封闭治理。

6 边坡具有锚固条件时，可采用锚杆或预应力锚索进行加固，必要时喷射混凝土封闭裂隙，对存在临空外倾结构面的危岩体宜采用锚固治理，锚杆（索）锚固段应置于外倾结构面以下稳定地层内。

7 岩体坡面破碎或危岩体分布较宽的危岩带宜优先考虑拦石墙、柔性防护系统等治理方式。

8 对岩石较坚硬且风险等级低的碎落坡体，根据节理裂隙的深度和宽度可采用勾缝或灌（注）浆处治，必要时采用喷射混凝土封闭。

9 在植被发育良好的区域，不宜采用大面积挂网喷射混凝土或混凝土注浆加固等措施。

10 受地表水影响易产生崩塌的坡体，宜采用封闭裂缝并截排地表水的方式处治；受地下水影响易产生崩塌的坡体，宜采用疏排地下水的方式处治。

11 对复杂、规模大、范围宽的高风险崩塌路段，经论证后可采用棚洞或局部改线方案。

12 崩塌治理工程设计采用的工况及相应荷载组合、设计安全系数应满足相关规范要求。

3.4.3 治理措施类型

崩塌治理措施包括主动治理措施和被动治理措施。主动治理措施主要为清危与补缝、锚固（锚杆、预应力锚索）、防护（主动防护系统、锚喷、护坡）、嵌补支顶支撑（支顶，嵌补，插别，立柱，挑梁，托梁，支承键、楔）、截排水、抗滑桩（键）等；被动治理措施主要为拦石墙、落石槽、被动防护系统、引导防护系统、明（棚）洞等。典型崩塌防治措施见表3.4.3。

表3.4.3 崩塌典型防治措施

防治措施	示意图
支顶：边坡上的悬岩、探头岩等危岩的下部深凹部分不存在退缩式发展的条件，上部悬岩较完整、坚硬，节理较少，零星掉块落石的可能性较少时，采用型钢或钢筋混凝土支撑	a) b) c)

续上表

防治措施	示意图
嵌补：边坡岩体被节理切割，沿节理面发育局部坍塌，形成深浅不同的凹陷，上部岩体在重力的作用下，可能变为危石，形成落石，故宜采用浆砌片石嵌补处理	
支承键、楔：边坡岩体由软硬相间的岩层组成，软弱层被挤出，上部岩体在重力作用下因重力卸荷而可能变成危岩时，宜在软弱岩层中设置支承键、楔，以支承上部岩体，减小软弱岩层的压力，稳定岩体。当岩层产状水平或倾角较小时，可设支承键或支承楔，兼具支承上部岩体与阻止滑移的双重作用	
托梁、挑梁：边坡上危岩下部的基岩高陡，无条件支顶与支撑，且两端有基础时，可在危岩下设置托梁支承危岩。当两端无基础时，可先设悬臂挑梁，在挑梁上再设托梁	
插别：若边坡岩体具有累进退缩变形破坏的性质，控制前缘岩体的变形破坏，对后部岩体稳定有利。当下卧基岩完整，具嵌固能力时，可采用插别工程措施，一般用型钢或钢筋混凝土桩	

续上表

防 治 措 施	示 意 图
锚固：当边坡岩体具倾向边坡的不利结构面，或具较大裂缝时，可用锚杆或锚索加固。当锚杆、锚索所受的剪力较大时，可施加预应力，增加结构面的摩阻力，从而将可能发生崩塌的岩块锚固于后部稳定岩体上	
喷浆和喷射混凝土防护：当边坡岩体易风化及风化差异性较大时，防治边坡风化剥落，保证边坡稳定尤其重要。喷浆和喷射混凝土兼具物理隔离防风化和对岩体表面加固的双重作用，适用于物理风化和化学风化两种类型	
护坡：适用于易风化破碎、节理发育、坡度为1∶0.5～1∶1的岩质边坡，防风化墙起着物理隔离作用	

续上表

防治措施	示意图
落石平台和落石槽：当路面高程距可能发生崩塌与落石的边坡有一定距离，边坡上或坡脚有缓坡地带，且其上方落石轨迹交于滑坡地带时，可考虑设置落石平台。为防止坠落在平台上的石块弹跳后危及公路运行安全，可在平台外侧修筑墙或堤进行拦截，以便形成落石槽	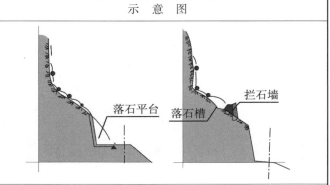
明洞、棚洞：当崩塌与落石岩体量较大，或山坡岩层风化、破碎较严重，崩塌来源物质较丰富，或虽每次崩塌规模不大，但频繁发生，采用拦截措施不能奏效时，均可采用遮挡工程。崩塌量较大或基础条件较好采用明洞，崩塌量较小时则采用棚洞	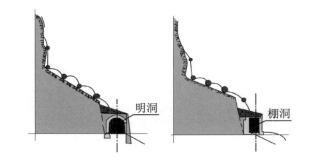
拦石墙：受地形与地质条件限制，公路外侧无基础条件，往往采用拦石墙	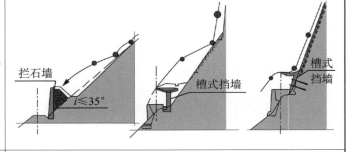
柔性防护系统：主要分为主动防护系统、被动防护系统、引导防护系统、钢结构柔性棚洞等。 主动防护系统适用于整体稳定、陡峭、节理裂隙较发育、块体较小的坡面危岩加固，并可与复绿工程结合使用，达到加固和绿化边坡的效果。 被动防护系统包括被动防护网和柔性格栅网。被动防护网适用于整体稳定、危岩较发育、危岩分散的坡面；柔性格栅网适用于整体稳定、低缓、安装空间狭窄、落石粒径较小、能级较低的边坡。 引导防护系统分为张口式引导防护系统和覆盖式引导防护系统，适用于整体稳定、节理裂隙发育、存在大量落石且存在小型崩塌的坡面。 钢结构柔性棚洞适用于隧道与桥梁、路基相接处山体的危岩落石防护	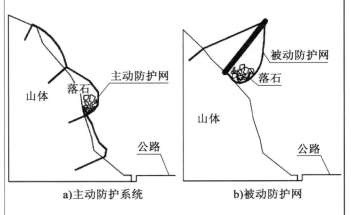

续上表

防治措施	示意图
	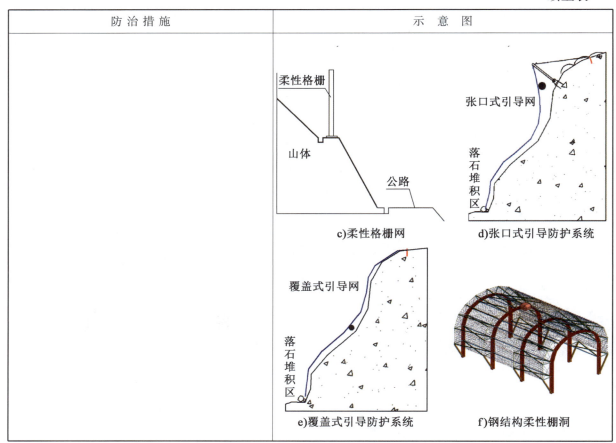 c)柔性格栅网　　d)张口式引导防护系统 e)覆盖式引导防护系统　　f)钢结构柔性棚洞

3.5 单项防治工程

3.5.1 清除危岩

1 采用清除危岩时，应考虑下列因素：

1）清危后诱发次生灾害的风险。

2）清危后对环境的影响。

3）弃方对环境的影响及其经济性。

4）对公路运行的影响。

5）对周边建（构）筑物的影响。

2 当清除危岩的规模较大时，宜采用机械清危或爆破清除；当清除零星危岩体时，宜采用人工进行清除。

3 应制订详细的施工计划和施工安保措施，设专人对崩塌体稳定状况进行巡查监控，确保施工安全。

4 清危产生的弃渣不得随意丢弃，可以利用的经处理后予以利用，或转运至指定弃渣场，避免引发次生灾害。

5 清危后的坡面应无危石，必要时设置坡面防护措施。

3.5.2 注浆补缝

1 危岩体中张性结构面宜进行无压灌浆处理，灌浆孔倾角为10°～90°，孔径为40～110mm，并在裂缝周边3～5m范围内按照梅花形布设，灌浆孔应穿越主控结构面。

2 灌浆材料应满足设计文件及相关规范要求。

3.5.3 嵌补支撑

1 嵌补支撑可采用墙撑、柱撑、墩撑、拱撑，支撑体可采用浆砌条石或片石、现浇（钢筋）混凝土或条石混凝土，必要时辅以锚杆或锚索加强。

2 设计嵌补支撑时，应进行支撑体地基的承载力及稳定性验算，并将地基清理成内倾平台或台阶状，同时应满足现行相关规范要求。

3 应凿平与支撑体相接触的危岩体，支撑体顶部距离危岩体底部10～20cm的范围应采用膨胀混凝土，确保支撑体与危岩体稳固连接。

4 支撑柱高度不宜超过10m，超过10m时应做压杆失稳验算。

5 浆砌条石支撑的截面尺寸不宜小于0.8m×0.8m，混凝土支撑的截面尺寸不宜小于0.6m×0.6m。

6 柱撑宜采用强度等级不低于C30的钢筋混凝土现场浇筑。柱长超过3m时，可每隔3m设置一道横系梁，并锚固到危岩体上，横系梁宜采用强度等级不低于C30的钢筋混凝土。

7 拱墙撑拱顶厚度不宜小于500mm、矢拱度宜取0.25～0.30，拱边墙宽度不宜小于1.5m。

8 承载型墙撑的拱、柱基脚嵌入岩石深度不宜小于0.5m，墙、柱基础外边缘距坡面距离不宜小于1.5m。

3.5.4 锚固

1 规模较大、主控结构面开度较宽的倾倒式危岩体或滑移式危岩体，宜采用预应力锚索锚固。

2 完整性较差的危岩体宜采用肋柱锚杆（索）锚固，肋柱宜采用C30混凝土沿岩面现场浇筑，宽度不宜小于300mm，高度不宜小于400mm。

3 完整性较好的危岩体可采用点锚锚固（独立锚墩）。

4 锚杆及锚索张拉力应满足稳定性验算要求，采用井字形布置时，间距不宜大于4.5m×4.5m；采用独立锚墩时，锚点间距不宜小于2.5m，水平间距不宜大于3.0m，锚杆及锚索的倾角宜取10°～35°，锚杆伸入主控结构面后部稳定母岩的锚固长度不宜小于3m。

5 腐蚀性地层中不宜采用预应力锚杆（索）。

6 预应力锚杆（索）总长度不宜大于50m。单束锚索设计拉力不宜大于2500kN。

7 应根据地层和注浆体间黏结强度确定锚固段长度，且不应小于3.0m，也不宜大于10.0m。当计算确定的锚固段长度大于10.0m时，应采取改变锚头结构或扩大锚固段直径等措施。

8 锚索自由段长度受稳定地层界面控制，在设计中自由段伸入稳定岩层不小于1.0m，且自由段长度不得小于5.0m。张拉段长度应根据张拉机具确定，锚索外露部分长度宜为1.5m。

9 锚固工程验收应满足现行《公路工程质量检验评定标准 第一册 土建工程》（JTG F80/1）的有关要求。

3.5.5 拦石墙

1 拦石墙适用于坡度小于35°的地段，可采用块石砌筑，也可采用桩板式结构。

2 拦石墙墙高不宜大于8m，冲击侧填筑厚度不小于60cm的缓冲层，内侧设置落石槽，落石槽断面宜为倒梯形，墙体迎石面坡比为1∶0.5～1∶0.8并采用块石护坡。槽底设置排水设施。

3 拦石墙顶宽不宜小于2m。墙背分层填筑，压实度不应小于85%，必要时可采用土工格栅加强。

4 拦石墙结构尺寸大小宜根据落石冲击力计算确定，拦石墙应按有关规定和要求进行抗滑移、抗倾覆、墙身自身强度和地基承载力验算。

5 拦石墙验收应按砌体、片石混凝土挡土墙标准进行验收，并满足现行《公路工程质量检验评定标准 第一册 土建工程》（JTG F80/1）的有关要求。

3.5.6 锚喷支护

1 喷射混凝土防护的坡面宜进行植物绿化，膨胀性岩石崩塌体、具有严重腐蚀性的崩塌体不应采用锚喷支护。

2 局部不稳定块体尚应采取加强支护的措施。系统锚杆的设置应满足下列要求：

1）锚杆倾角为10°～20°。

2）锚杆布置采用菱形排列，也可采用行列式排列。

3）锚杆间距宜为1.2～3m，且不应大于锚杆长度的一半。

4）采用全黏结锚杆。

3 局部锚杆的布置宜满足下列要求：

1）对受拉破坏的不稳定块体，锚杆按有利于其抗拉的方向布置。

2) 对受剪破坏的不稳定块体，锚杆宜按逆向不稳定块体滑移方向布置。

4 喷射混凝土的设计强度等级不应低于C20，厚度不应小于100mm，钢筋直径为6～12mm，间距为150～300mm，必要时采用双层钢筋网。

5 锚喷支护验收应满足现行《公路工程质量检验评定标准 第一册 土建工程》（JTG F80/1）的有关要求。

3.5.7 柔性防护系统

1 应根据危岩的分布、规模、运动轨迹、冲击能量、地形地貌及与保护对象间的关系，确定柔性防护系统的防护位置、防护形式、防护能级、防护高度和防护范围。危岩体规模大、整体稳定性差时，不宜单独采用柔性防护系统。

2 下列情况宜采用主动防护系统：

1) 整体稳定、陡峭、节理裂隙较发育、块体较小的坡面危岩加固。

2) 被保护对象距离山体坡脚的水平距离较小、易于清理和维护。

3) 山体坡度大于45°，危岩、松石分布相对集中的坡体。

4) 坡面地质条件满足抗拔力要求。

3 下列情况宜采用被动防护网：

1) 整体稳定、危岩较发育、危岩分散的坡面。

2) 危岩分布较广且防护面积过大，单体落石冲击能量小于4000kJ。

3) 安装位置与被保护对象的间距大于被动防护系统最大缓冲距离的坡面。

4) 安装位置高度大于100m、易于清理和维护的坡面。

4 下列情况宜采用柔性格栅网：

1) 整体稳定、低缓、安装空间狭窄、落石粒径较小、能级较低的边坡。

2) 危岩落石冲击能量不大于100kJ、弹跳高度不高于2m。

3) 坡脚与被保护对象间距较小。

4) 有防止其他异物侵入线路的需求。

5 下列情况宜采用引导防护系统：

1) 危岩体积小于500m³的坡面，危岩落石冲击能量大于4000kJ。

2) 上陡下缓或山体小于70°的坡面。

3) 安装位置高度大于100m、不易于清理和维护的坡面。

4) 坡脚具有落石堆积平台，坡脚与被保护对象距离较小时，底部应封闭网。

5) 乔木较少的坡面。

6 采用钢结构柔性棚洞时，其结构承载力、材料强度和结构的整体刚度应满足落石冲击能量的要求。

7　柔性防护系统的系统、构件及材料性能及防腐性能应满足现行《边坡柔性防护网系统》（JT/T 1328）的有关要求。应开展系统、构件及材料的静态、动态试验，并获得相应的 CMA 认证机构出具的质量证明文件，具体要求见表3.5.7。

表3.5.7　柔性防护网系统试验及相应的检测报告要求

试验类型	质量证明文件	主动防护系统	被动防护系统		引导防护系统	
			被动防护网	柔性格栅网	张口式	覆盖式
落石冲击试验	《落石冲击试验检测报告》	/	√	√	√	/
消能装置动态耗能及启动力试验	《消能装置动态耗能及启动力试验检测报告》	/	√	/	√	/
柔性金属网片（大网）抗顶破力试验	《柔性金属网片（大网）抗顶破力试验检测报告》	√	√	/	√	√
柔性金属网片（小网）抗顶破力试验	《柔性金属网片（小网）抗顶破力试验检测报告》	√	√	√	√	√
柔性金属网片（大网）抗拉强度试验	《柔性金属网片（大网）抗拉强度试验检测报告》	√	√	/	√	√
柔性金属网片（小网）抗拉强度试验	《柔性金属网片（小网）抗拉强度试验检测报告》	√	√	√	√	√
环形网环链拉伸破断力试验	《环形网环链拉伸破断力试验检测报告》	/	√	/	√	/
钢丝绳网紧固件抗错动拉力和抗脱落拉力试验	《紧固件抗错动拉力和抗脱落拉力试验检测报告》	√	/	/	/	/
卸扣力学性能检测	《卸扣力学性能检测报告》	/	√	√	√	√
绳夹力学性能检测	《绳夹力学性能检测报告》	√	√	√	√	√
钢丝绳力学性能检测	《钢丝绳力学性能检测报告》	√	√	√	√	√
钢丝力学性能检测	《钢丝力学性能检测报告》	√	√	√	√	√
型钢力学性能检测	《型钢力学性能检测报告》	/	√	√	√	/
各构件、材料的中性盐雾试验	各构件、材料的《中性盐雾试验检测报告》	√	√	√	√	√

注：1. √-应做；/-不存在。
　　2. 动态冲击试验报告应采信混凝土结构试验平台，不应采信钢结构试验平台。
　　3. 柔性金属网的抗顶破力、抗拉强度试验应采用足尺试验，不应采用缩尺试验。
　　4. 系统、构件、材料的试验检测应在同一批次、同一家检测机构进行，不得单独送样及在多家检测机构进行。

8 主动防护系统应进行锚杆最小抗剪力计算及坡面整体安全性验算。锚杆可采用双股钢丝绳锚杆，钢丝绳直径宜为16mm，也可采用钢筋锚杆。上沿锚杆设计拉拔力不宜小于80kN，其余锚杆设计拉拔力不宜小于50kN。锚杆长度根据计算确定，且不宜小于2m。钢筋锚杆孔径宜大于杆体直径12mm以上；双股钢丝绳锚杆孔径宜大于钢丝绳2倍直径10mm以上。可根据边坡整体稳定性加长锚固长度，加密锚固间距。

9 被动防护系统应进行滚石速度、弹跳高度、落石冲击动能及落距计算。在计算最大弹跳高度基础上增加1m作为防护高度安全储备，且被动防护系统高度不小于3m。布置范围宜超过落石可能危及范围不小于10m；分段布置时，每段间宜沿走向重叠长度不小于5m。

10 锚固点注浆宜采用强度等级不低于M20的水泥砂浆，孔内应确保浆液饱满，在进行下一道工序前注浆体养护不少于3d。应选取不少于5%的锚固点做抗拔试验。

11 柔性防护系统产品验收宜包括下列内容：

1）查验产品质量证明文件中检测报告是否齐全，是否满足表3.5.7的要求，报告是否真实、是否有可追溯性。

2）防护工程的结构应保证与设计图、质量证明文件中的结构一致。

（1）主动防护系统应核对工程结构、配置、数量、尺寸与设计图是否一致，重点核查支撑绳及缝合绳的绳卡数量、大网和小网的孔径、钢丝和钢丝绳的直径等。

（2）被动防护系统应核对工程结构、配置、数量、尺寸与质量证明文件中落石冲击试验报告的结构图是否一致。重点核查钢柱规格、消能装置的安装位置和数量、环形网的规格型号和盘结形式、上下支撑绳的直径、绳卡和卸扣的数量、大小网的孔径等。

（3）覆盖式引导防护系统应核对工程结构、配置、数量、尺寸与设计图是否一致，重点核查支撑绳及缝合绳的绳卡数量、大小网的孔径、钢丝绳直径等。

12 施工质量验收宜包括下列内容：

1）锚固点的拉拔力验收宜满足下列要求：

（1）主动防护系统上排锚固点的拉拔力应满足设计图中的要求。

（2）被动防护系统各锚固点的拉拔力不小于落石冲击试验检测报告中对应位置的最大拉力值。

（3）张口式引导防护系统拦截部分各锚固点的拉拔力不小于落石冲击试验报告中对应位置的钢丝绳上最大拉力值。

（4）覆盖式引导防护系统上排锚固点的拉拔力应满足设计图中的要求。

2）柔性防护系统锚固点拉拔力验收的锚固点抽验比例应满足下列要求：

（1）主动防护系统上排锚固点应全部进行拉拔力验收，其余锚固点抽检比例为5%且不应少于3个点。

（2）覆盖式引导防护系统的上排锚固点应全部进行拉拔力验收。

（3）被动防护系统和张口式引导防护系统拦截部分除基座外的所有锚固点应进行拉拔力验收。

3）柔性防护系统外观是否平顺、整齐，构件、材料是否有损伤。

4 滑坡

4.1 一般规定

4.1.1 滑坡指斜坡上的土体或岩体，受河流冲刷、地下水活动、雨水浸泡、地震及人类活动等因素影响，在重力作用下，沿着一定的软弱面（带），整体或分散地顺坡向下滑动的自然现象。

4.1.2 应在充分收集已有的勘察设计、施工、监测、养护等资料基础上，定期检查滑坡处治工程的完好状况，做好日常养护，加强预防养护和修复养护，必要时实施专项养护。

4.1.3 滑坡治理应根据滑坡区地形地质条件、滑坡性质、成因、规模、稳定状况及对公路的危害程度，分析滑坡的发生条件、发展趋势及主要诱发因素，确定滑坡防治技术对策与工程措施。

4.1.4 对于规模大、性质复杂的滑坡灾害风险点，应在确保安全的前提下，全面规划，分期治理。

4.1.5 滑坡治理应满足节约土地、保护环境、水土保持的要求，减少对生态环境的影响，避免引起次生地质灾害。

4.2 养护检查

4.2.1 日常巡查

1 对公路沿线滑坡风险点的坡面、截排水设施、防护与支挡工程的完好状况和病害进行日常巡查，主要包括下列内容：

1）坡面有无裂缝、坍塌、变形、滑塌、隆起、冲刷、渗水现象。
2）截排水设施有无堵塞或破损。
3）坡面防护有无裂缝、变形、掉块及鼓胀。
4）支挡结构有无破损、变形及倾斜。

2 日常巡查过程中，发现公路及其构造物发生小的毁阻时，应当场予以处置；

发生严重毁坏影响交通或导致交通中断时,应立即设立警告或禁止通行标志,并及时向主管部门报告;对有失稳迹象的滑坡风险点应采取应急处置措施,并上报有关部门。

1)坡面发生碎落、滑塌时,应及时清除,避免堵塞边沟、危及行车安全。

2)排水设施应保持水流通畅,防止水流集中冲刷边坡。汛前应对截排水设施进行全面检查,及时排除堵塞、疏导水流;暴雨后应进行重点检查,及时修理加固。

4.2.2 定期检查

1 对公路沿线滑坡风险点进行周期性的全面检查,主要包括下列内容:

1)滑坡的平面形态及立体形态,周边植被发育情况,滑坡坡脚临空高度及坡度。

2)滑坡坡体裂缝分布特征,包括裂缝长度、宽度及其贯通情况。

3)坡体、路基路面是否有鼓胀、隆起、沉陷现象,分析其变形程度。

4)防护设施等构筑物变形破损情况,分析其破损程度。

5)坡面冲刷和冲沟发育情况,地下水出露情况及岩土体的潮湿状态。

6)滑坡与公路的位置关系,分析滑坡对公路的危害范围及程度。

2 评定滑坡风险点的风险等级,提出相应的防控对策,并及时更新自然灾害风险点数据库和防治工程项目库。

4.3 监测

4.3.1 监测内容

滑坡监测宜根据监测阶段、风险等级按表4.3.1确定监测项目及内容。

表4.3.1 滑坡监测内容

监测项目		监测阶段与风险等级					
		运营期监测			施工期监测		
		一级	二级	三级	一级	二级	三级
变形监测	地表水平位移	√	√	○	√	√	√
	地表竖向位移	√	△	○	√	√	√
	深部位移	√	△	○	√	√	○
	倾斜	√	△	○	√	√	√
	裂缝	√	√	△	√	√	√
应力应变监测	岩土压力	○	○	○	△	○	○
	支挡结构物应力应变	√	○	○	√	○	○
	锚杆(索)应力	√	△	○	√	△	○

续上表

监测项目		监测阶段与风险等级					
		运营期监测			施工期监测		
		一级	二级	三级	一级	二级	三级
影响因素监测	地下水位	√	○	○	√	√	○
	孔隙水压力	○	○	○	○	○	○
	土壤含水率	○	○	○	○	○	○
	降雨量	√	○	○	√	√	○
宏观观测	前兆巡检	√	√	√	√	√	√
	视频监控	△	○	○	△	○	○

注：√-应做；△-宜做；○-可做。

4.3.2 监测方法

滑坡监测宜根据监测项目、监测环境条件等因素等按表4.3.2选定监测设备，数据采集可视具体情况采用人工或自动化方式。

表4.3.2 滑坡监测设备选取

监测项目		常用监测方法及设备	监测目的
滑坡地表	水平位移	大地测量法、智能型全站仪（测量机器人）、GNSS、拉线式位移计、光电测距仪、近景摄影测量、三维激光扫描、InSAR等	监测滑坡地表位移、变形发展情况
	竖向位移	静力水准仪、大地测量法、智能型全站仪（测量机器人）、GNSS等	监测滑坡地表位移、变形发展情况
	倾斜	一体式倾斜计、倾角计等	监测滑坡变形时地表岩土体扭转特性
	裂缝	伸缩仪、错位计、裂缝计、位移计等	监测裂缝的产生与发展情况
深部位移	岩土体内部位移	钻孔测斜仪、钻孔位移计、阵列式位移计等	监测相对于稳定地层的地下土（岩）体位移
	抗滑桩内部位移	预埋测斜仪、位移计等	监测抗滑桩内部结构水平向位移发展情况
支挡结构物	位移	倾角计、智能型全站仪（测量机器人）、GNSS、静力水准仪	监测支挡结构物的变形发展情况
	应力应变	振弦式、电阻式、光纤光栅式钢筋应力计、锚索（杆）应力计/测力计	监测支挡结构物内部结构应力应变，判断受力状态
岩土压力		振弦式、电阻式、光纤光栅式土压力计等	监测岩土体或岩土体与支挡结构物之间接触压力的变化情况
地下水位		水位计、水压力计等	监测地下水位变化情况
孔隙水压力		孔隙水压力计、渗压计等	监测孔隙水压力及其变化情况
土壤含水率		土壤含水率计、土壤水分计等	监测土体湿度变化情况

续上表

监测内容		常用监测方法及设备	监测目的
降雨量		翻斗式、称重式、轮盘式雨量计，虹吸式雨量计，一体式气象监测站等	监测滑坡区域降雨量变化情况
宏观观测	前兆巡检	人工巡检	监测滑坡表观变化情况、宏观变形迹象等
	视频监控	一体化摄像机、监控网络摄像机等	

4.3.3 监测点网布置

1 监测网形状可根据滑坡规模、形状、变形特征和监测环境等因素确定。当主滑方向和边界明确时，监测网可布设成十字形或方格形；当滑动方向和边界不明确时，监测网宜布设成放射网形或采用多种网形。

2 监测断面设置在主滑断面上，不宜少于1条，主滑断面两侧宜各布置1~3条监测断面，规模大、性质复杂的滑坡按地质单元进行分区，每个分区监测断面不应少于1条。

3 变形监测线、监测点布置数量按表4.3.3确定。

表4.3.3 滑坡监测线、监测点布置数量

项 目	风 险 等 级		
	一级	二级	三级
控制性监测线	≥3条，线间距≤50m	≥1条，线间距≤100m	视具体情况布置，线间距≤150m
各监测线的变形监测点	水平间距为20~30m，且不少于5个	水平间距为30~40m，且不少于4个	水平间距为40~50m，且不少于3个
控制性监测线深部变形监测点	点间距为30~40m，且不少于2个	点间距为40~50m，且不少于2个	视具体情况布置，点间距不宜大于60m

4 在监测断面上，滑坡后缘外的稳定地段、后缘牵引段、主滑段、前缘抗滑段、支挡结构物、路基或桥隧构造物等均应布置监测点。

5 岩土体深部水平位移监测孔深度宜达最下层潜在滑动面以下不小于5m。

6 应力应变监测点布设宜满足下列要求：

1）土压力监测点宜布设在每层土中部，可预设在迎土面的支挡结构侧面。

2）支挡结构应力监测点宜布设在支挡结构设计计算弯矩最大处。

3）预应力锚索（杆）应力监测点数量不宜少于锚索（杆）总数的5%，且不少于3个。

7 地下水位监测点布设宜与水文地质单元相结合，宜沿主滑方向对应的监测线布设，优先考虑与深部变形监测点同点布设，每个监测断面上观测孔数量不少于2个。

8 孔隙水压力测试孔宜垂直于滑坡走向布置，孔隙水压力监测点宜在水压力变化影响深度范围内按土层分布情况布设。

9 降雨量监测点宜布设在滑坡体外围地势较高、稳定且相对开阔位置。

10 视频监控监测点的数量和安装位置，应满足能够清晰拍摄到整个滑动区域场景的要求。

4.3.4 监测频率

1 滑坡监测频率宜综合考虑监测阶段、监测内容、监测对象、监测方法、监测地质环境等，反映所监测滑坡体变化过程及典型变化阶段，参考表4.3.4确定。

表4.3.4 滑坡监测频率

监测阶段	监测频率
运营期监测	≥2次/月
施工期监测	≥1次/d

2 当出现下列情况之一时，应适当提高监测频率：

1）监测数据变化较大或速率加快。

2）监测数据达到或超过报警值。

3）汛期滑坡及周边大量积水、受长时间降雨等不利天气影响。

4）支挡结构、施工工况、岩土体或周边环境存在异常现象。

5）滑坡体已有明显的沉降、位移、开裂等变形现象。

6）工程险情或事故后重新组织施工。

4.4 治理

4.4.1 勘察要点

1 滑坡勘察应在工程地质调绘的基础上，充分利用已有资料，及时分析掌握信息。勘察内容和工作量宜根据滑坡区地质条件、工作阶段和工程治理需求确定。

2 勘察范围包括滑坡灾害区、灾害影响区及邻近稳定区，通常包括滑坡后壁以上一定范围的稳定斜坡或汇水洼地，剪出口以下的稳定地段，滑体两侧以外一定距离或邻近沟谷。

3 滑坡勘察应查明滑坡区的工程地质、水文地质条件和滑坡各个部位（如滑床、滑移面、滑体、前缘和侧缘等）的工程力学性质；查明滑坡的形成机制、诱发因素、变形破坏现状和危害程度，为防治工程设计、施工提供详尽的工程地质与水文地质资料和岩土物理力学参数；计算并评价滑坡的稳定性及其演化发展趋势，对防治工程提出建议。

4 勘察工作可采用资料收集、工程地质调绘、勘探、试验与测试，也可采用遥感影像、监测等手段。

5 资料收集宜包括区域地质环境、地形地质、滑坡活动史、水文气象、土壤植被、人类工程活动和已有治理经验、前期勘察设计、监测等资料。

6 工程地质调绘应在岩层露头、滑坡边界、滑坡裂缝、滑坡台阶、滑坡壁、滑坡鼓丘、地下水露头、地层接触线等部位设置调绘点。

7 根据滑坡体规模大小，沿滑动方向布置勘探线。勘探线及勘探孔的布置应有利于查明滑坡灾害特征，控制性勘探线上勘探点数量不得少于3个，必要时可布设一定数量的探槽或探井。

8 控制性勘探点应进入滑床一定深度，且不小于5m，拟设置抗滑桩或锚索地段的勘探点进入滑床的深度不小于5m，探槽或探井深度应穿过最低滑面（带）并进入稳定岩土体。

9 钻探宜采用干钻或无泵反循环、单动双管工艺全采芯钻进，终孔直径应满足采样和试验的要求且不宜小于110mm；接近滑面（带）时，钻探回次进尺不应大于0.3m；滑带土岩芯采取率不应小于90%，钻探结束后应间隔一定时间统测地下水位。

10 滑坡物理力学试验宜按现行《土工试验方法标准》（GB/T 50123）和《工程岩体试验方法标准》（GB/T 50266）的相关要求执行，应提供可供滑坡防治工程设计的基本指标。滑面（带）的抗剪强度指标宜根据岩土性状、滑坡变形特征和饱和程度等因素，采用试验法、反算法或工程类比法分析后综合确定。

11 根据滑坡的规模、滑动前兆、主导因素、滑坡区的工程地质和水文地质条件，以及稳定性计算结果，开展滑坡灾害区稳定性综合评价，并结合发展趋势和危害程度，提出治理方案建议。

4.4.2 设计要点

1 根据滑坡的规模和类型可采取减载、反压、锚固、支挡、排水等综合措施进行治理，并与环境保护相结合；治理工程措施应针对主要诱发因素和滑坡的力学特征进行选择。

2 滑面深度不同时，滑坡支挡结构设计应充分考虑相应支挡结构岩土荷载大小、分布范围和作用点位置。

3 滑坡支挡结构设计应采用最不利的岩土荷载。

4 滑坡支挡结构位置应选在所需支挡力较小、滑体厚度较小或抗滑地段，应对支挡结构物顶面坡体的稳定性进行验算，并满足相关规范对安全系数的要求。

5 有卸载条件时，应优先采用清方，合理确定平台宽度，应根据实际情况对边坡采取及时、有效的支挡、护面和排水措施。

6 反压措施适用于滑坡体之外下缘地形较缓且稳定的滑坡，应进行反压后的稳定性验算并满足规范要求。

7 滑坡治理工程设计采用工况及相应工况的荷载组合、设计安全系数应满足相关规范要求。

4.4.3 治理措施类型

滑坡的防治措施类型和典型防治措施见表4.4.3-1和表4.4.3-2。

表4.4.3-1 滑坡防治措施分类

类型	绕避滑坡	排水	力学平衡	滑带土改良
主要工程措施	1. 改移线路 2. 用隧道避开滑坡 3. 用桥梁跨越滑坡 4. 清除滑体	1. 地表排水系统 （1）滑体外截水沟 （2）滑体内排水沟 （3）自然防渗沟 2. 地下排水工程 （1）截水渗沟 （2）盲（隧）洞 （3）仰斜钻孔群排水 （4）垂直孔群排水 （5）井群抽水 （6）虹吸排水 （7）支撑渗沟 （8）边坡渗沟	1. 减重工程 2. 反压工程 3. 支挡工程 （1）抗滑挡墙 （2）挖孔抗滑桩 （3）钻孔抗滑桩 （4）锚索抗滑桩 （5）锚索 （6）支撑渗沟 （7）抗滑键 （8）排架桩 （9）钢架桩 （10）钢架锚索桩 （11）微型桩群	1. 滑带注浆 2. 滑带爆破 3. 旋喷桩 4. 石灰桩 5. 石灰砂桩 6. 焙烧

表4.4.3-2 滑坡典型防治措施

防治措施	示意图	照片
（一）排水		
边坡排水包括坡面排水、坡体排水和减少坡面水下渗等措施。坡面排水、坡体排水与减少坡面雨水下渗措施宜统一考虑，并形成相辅相成的排水、防渗体系，边坡内、外的地表排水系统宜分开布置		
1. 截、排地表水 （1）沿滑坡周界处修建环形截水沟，使滑体外水不进入滑体的周边裂缝及滑坡体内。 （2）在滑坡体上修建树枝状排水系统，排除滑体范围内的地表水	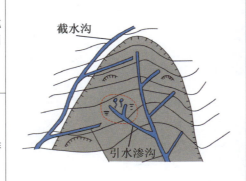	

续上表

防治措施	示意图	照片
2. 截、排地下水 （1）在滑坡体上修建渗沟，截、排地下水，主要有下列4种类型： ①支撑渗沟。适用于中、浅层滑坡，其抗剪强度较高，兼有支撑滑体和排水两方面作用。 ②截水渗沟。截排滑体外深层地下水，使其不进入滑体。 ③边坡渗沟。支撑边坡并疏干边坡地下水。 ④排水隧洞。引排滑坡内深层地下水	1-垂直渗管；2-仰斜排水	
（2）在滑坡体上施设垂直孔群，钻孔穿透滑带以排出地下水或承压水，孔内可采取埋设聚氯乙烯（PVC）筛管等方式	垂直钻孔 强透水层	
（3）采用砂井与水平钻孔相结合的截排水方法，以砂井聚集滑体内地下水，用近于水平的钻孔穿连砂井，把水排出，疏干滑体	砂井　井孔	
3. 整平滑坡地表 整平夯实滑坡坡面，夯填滑体内的裂缝，防止地表水渗入滑体内。植树铺草皮，固化滑坡土体表面，防止水流冲刷下渗		

（二）力学平衡

支与挡：在滑坡体适当部位设置支挡构筑物（如抗滑挡墙、抗滑明洞、抗滑桩等），以支挡滑体或把滑体锚固在稳定地层上。由于这种方法对山体破坏少，可有效地改善滑体的力学平衡条件，故被广泛采用。挡土墙应根据坡体的地形、岩土层特征、土压力分布以及挡土要求等进行设计，采用重力式挡土墙或悬臂式挡土墙，荷载较大时可采用锚杆挡土墙。其主要类型如下：

1. 抗滑挡墙 抗滑挡墙是依靠自身重量来抵抗滑坡体的推力。一般情况下，挡墙设在滑坡体的前缘或坡脚处。挡墙进入稳定基岩的深度要足够，以确保在挡墙根部不会产生新的滑动面而使其失去抗滑作用，同时要保证不会产生越过墙顶的滑体	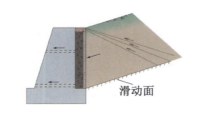滑动面	

续上表

防治措施	示 意 图	照 片
2. 抗滑明洞 当地形和基础条件适合，而修建其他支挡构筑物有一定困难时，可用抗滑明洞作为支挡构筑物，但投资往往比较昂贵	（示意图：支顶墙、混凝土、明洞、钢筋混凝土拉杆）	（照片）
3. 抗滑桩 当采用重力式支挡构筑物圬工量大、不经济或施工开挖易引起滑体下滑时，可将抗滑桩作为抗滑措施。抗滑桩一般适用于整治浅层及中厚层滑坡。也可与轻型支挡构筑物上下结合使用，可相应地减少下部支挡工程的数量	a) 全埋式桩　b) 悬臂桩　c) 埋入式桩 d) 承台式桩　e) 椅式桩(h形桩)　f) 排架桩 g) 钢架桩　h) 锚索桩	（照片）
4. 预应力锚索 锚索外端固定于坡面，另一端锚固在滑动面以内的稳定岩体中，直接在滑面上产生抗滑阻力，增大抗滑摩擦阻力，使结构面处于压紧状态，以提高边坡岩体的整体性，达到整治滑坡及危岩、危石的目的		（照片）
5. 减载与反压 若滑床上陡下缓，滑体头重脚轻或为推移式滑坡，可对滑坡上部主滑段清方减重；也可在前部阻滑段反压填土，以达到滑体的力学平衡。对于小型滑坡可全部予以清除。减重和清除应根据边坡稳定性计算结果并结合残余滑体和后壁的验算和检查确定	（示意图：原边坡线、挖除、回填）	（照片）

4　滑坡

续上表

防治措施	示意图	照片
（三）滑带土改良		
采用焙烧法、电化学法、硅化法、灌浆法以及孔底爆破灌注混凝土等措施，改变滑带土的性质，提高它的强度，达到增强滑坡稳定性的目的	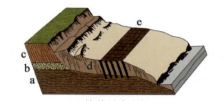 焙烧法加固 a-可塑性黏土；b-砂层；c-黄土状亚黏土； d-滑坡体；e-焙烧部分	
滑坡的综合治理：在滑坡治理工程中，实际上很少采用单一的方法，而是几种方法的综合应用，如支挡与排水结合、卸载与排水结合、卸载与支挡和排水结合等。应结合当地情况，因地制宜，慎重决策，抓住主要矛盾，依据滑坡的成因和主要影响因素，在详细分析资料的基础上，对多种方法进行充分的技术经济比较，确定治理方案		

4.5 单项防治工程

4.5.1 排水工程

1 排水工程设计应在总体方案基础上，结合地形条件、工程地质、水文地质、降雨条件及本区生态环境，制订地表排水、地下排水或其二者相结合的方案。

2 地表排水工程的设计标准应根据滑坡区公路等级确定，满足工程等级所确定的降雨强度重现期标准，并满足现行《公路路基设计规范》（JTG D30）和《公路排水设计规范》（JTG/T D33）的有关要求。

3 排水工程布置应综合考虑坡面原有的汇流条件和排水体系，将排水工程与原有的体系组成完整的排水系统，达到有效集流、安全排放的目的。

4 当滑坡体上存在地表水体，且必须保留时，应进行防渗处理，并与拟建排水系统相接。

5 应做好截、排水沟防水止水处理，以防止水流沿沟体裂隙集中入渗。

6 滑坡区域排水沟或截水沟应加强对沟壁背部填土的人工夯实，确保沟壁顶面与汇水坡面平顺衔接。

7 地下排水工程宜根据滑动面状况、岩土特性、水文地质条件，选用合理的地下排水方案，可单独或综合选用支撑渗沟、暗沟、仰斜式排水孔或排水隧洞等排水设施。

8 地表排水宜满足下列要求：

1）排水沟断面形状有矩形、梯形、复合型、U形等，断面尺寸应按现行《公路排水设计规范》（JTG/T D33）的有关规定进行水力计算确定。

2）地表排水工程要首先对排水系统各主、支沟段控制的汇流面积进行分割计算，并根据设计降雨强度分别计算各主、支沟段汇流量和输水量；在此基础上，确定排水沟断面和过流能力。

3）排水沟的纵坡应根据沟形、地形、地质以及与山洪沟连接条件等因素确定，必要时设置消能设施。

4）在滑坡后缘5.0m以外的稳定地层上设置环形截水沟，滑坡范围较大时，应在滑坡体范围内设置多道环形或树枝状排水沟。

5）在泉水出露处要设置排水沟进行引排。

6）有明显开裂变形的坡体，应及时用黏土或水泥浆填实裂缝，整平积水坑、洼地，铺设防水土工布，使雨水能迅速排出。

7）当排水沟通过裂缝时，宜设置成叠瓦式沟槽，可用土工合成材料或钢筋混凝土预制板做成。

8）排水沟进出口平面布置，宜采用喇叭口或八字形导流翼墙。导流翼墙长度可取设计水深的3~4倍。

9）排水沟断面发生变化时，应采用渐变段进行衔接，其长度可取水面宽度之差的5~20倍。

10）在排水沟纵坡变化处，应避免上游产生壅水。

9 地下排水宜满足下列要求：

1）当滑坡变形与降雨及地下水活动密切相关时，宜采用地下排水工程。

2）根据勘察资料，应分析滑体内含水层的性质、分布特征，地下水的补、径、排及运移富集情况，以确定地下排水工程布设位置，并估算工程服务年限内最大地下水水量。

3）地下排水工程应考虑自身的安全性和可靠性。

4）浅层地下水采用截水渗沟、支挡渗沟，深层地下水采用排水隧洞、竖井、渗井、砂井、平孔排水、垂直钻孔群等进行引排。

5）滑带水主要由滑坡以外的相邻地下水补给时，宜设置周边截水沟（渗沟）截引；若以雨水下渗为主，滑体及滑面应设排水设施。滑带水由下向上承压补给时，可采用排走补给水源的盲洞或平孔。

10 支撑渗沟宜满足下列要求：

1）支撑渗沟可用于滑动面（带）埋深小于5.0m的地段。支撑渗沟宜顺滑坡滑动方向平行布置在滑坡表层有积水的湿地或地下水露头处。

2）支撑渗沟基础应置于滑动面（带）以下的稳定地层内0.5m以上，寒冷地区应置于最大冻深线以下 0.25m，或对基底换填非冻胀性土质。当滑动面坡度较大时，基底应设置成台阶状，台阶宽度宜为 2.0~3.0m，台阶向外倾斜坡度宜为 2%~4%。

3）支撑渗沟断面宽度宜为 2.0~4.0m，横向间距根据土质情况和渗水量确定。黏性土地段，间距宜为 6.0~8.0m；碎、块石地段，间距宜为 8.0~10.0m。

4）支撑渗沟内部充填料宜选用片石、块石、碎石、卵石等渗水性材料。沟壁两侧和顶部应设置反滤层，反滤层厚度不宜小于 0.25m。反滤层可采用透水性砂砾或透水土工布。沟底部可采用浆砌片石铺砌，厚度不宜小于 0.3m，必要时可设置透水管加强排水。在寒冷地区，渗沟出口应考虑防冻措施。

11　仰斜式排水孔可用于引排滑坡内的地下水，其长度宜伸入含水层、地下水富集部位或潜在滑动面，并宜根据滑坡地下水情况成群布置。仰斜式排水孔仰角不宜小于 6°，含水层粉细砂颗粒较多时不宜大于 15°。排水孔钻孔直径宜为 75~150mm，孔内应设置透水管。透水管直径宜为 50~100mm，可选用软式透水管或带孔的塑料管等。

12　井点降水方式宜用于滑坡应急抢险工程或在施工期临时降低地下水位，也可用于引排滑坡内埋藏较深、分布不均匀的地下水。

13　对于大型或巨型滑坡，当地下水丰富且对滑坡稳定影响较大时，宜采用排水隧洞排出地下水。

1）排水隧洞宜布置在滑面之下的稳定岩层内。

2）排水隧洞洞径应满足施工掘进要求，隧洞横断面净高不宜小于 1.8m，净宽不宜小于 1.2m。洞底为倾斜向洞口的缓坡，且坡度不宜小于 1%，洞底应设排水沟，边侧宜设巡视检查人行通道。

3）排水隧洞可采用"Y"形、"T"形或"L"形布置，施工进洞口和排水出口应布置在滑坡区外稳定岩体中。

4）当岩土体的渗透性弱、排水效果不良时，排水洞顶或洞壁宜设辐射状集水钻孔，孔径不应小于 100mm，排水孔内宜安置筛管。

5）根据地下水分布状况，集水井之间可设置横向排水通道，将地下水引入排水隧洞。

14　排水工程质量评定应按现行《公路工程质量检验评定标准　第一册　土建工程》（JTG F80/1）的相关规定执行。

4.5.2　削方减载

1　削方减载的部位和方量应经计算分析后确定。削方减载常见有滑坡后缘减载、表层滑体或变形体清除、削坡降低坡度等。

2　削坡后的人工坡面应满足安全要求，不得产生新的滑动面，并校核施工期的稳定条件，保证施工期的安全。

3 削坡减载宜根据坡高、坡度、坡面抗风化和抗冲刷能力对坡面进行相应保护。

4 当堆积体或土质边坡高度超过10m时，须设台阶放坡，平台宽2.0~3.0m。当岩质边坡高度超过20m时，须设台阶放坡，平台宽1.5~3.0m。

5 当边坡高度大于8m时，宜采用钢筋混凝土格构、厚层基材等护坡。

6 削方减载应注意保护生态环境和土地的有效利用。

7 验收宜包括下列内容：

1）卸载减载的位置和数量应满足设计要求。

2）不得因施工影响后壁和两侧岩土体的稳定。

3）边坡坡度应满足设计要求，严禁出现反坡、坑槽。

4）坡面稳定平顺，危石清理干净。

5）卸载减载的弃土、弃石堆放位置满足设计要求。

4.5.3 填土反压

1 反压填筑体宜设置在滑坡体抗滑段或滑坡剪出口前缘。

2 填料宜利用减载弃方或其他弃方。河、水库水位变动带宜选用碎石土、砾类土、石渣等水稳性好的填料，并对填筑体进行反滤防渗和防冲刷处理。

3 当回填体内部存在地下水补给时，应在底部设置地下排水措施。

4 当路基从滑坡前缘通过时，宜采用路堤，对滑坡前缘形成反压。路堤填料和压实度应符合现行《公路路基设计规范》（JTG D30）的有关规定，反压部位基底应碾压夯实。当处于地基软弱和富水地段时，应采取排水固结、换填等措施进行地基处理。

5 填料应分层压实，位于公路路堤之外的反压部分，其压实度不应小于85%。

4.5.4 抗滑挡墙

1 抗滑挡墙宜与排水、减载、锚索（杆）等其他防治工程配合使用。

2 抗滑挡墙的平面布置宜根据滑坡范围、推力大小、滑面位置和形状以及地基条件等因素确定。

3 挡墙类型应根据使用要求、地形和施工条件综合考虑确定，岩质边坡和挖方形成的土质边坡宜采用仰斜式，高度较大的土质边坡宜采用重力式或仰斜式。

4 采用重力式挡墙时，土质边坡高度不宜大于8m，岩质边坡高度不宜大于10m；滑坡推力不宜大于300kN/m。

5 抗滑挡墙结构设计计算时，应取滑坡推力与主动土压力中的较大值作为设计作用力。但当滑坡推力的合力作用点位置较主动土压力高时，挡墙的抗倾覆稳定计算仍应同时用滑坡推力进行验算。

6 抗滑挡墙结构计算，抗滑稳定性、抗倾覆稳定性和截面抗剪计算应符合现行《公路路基设计规范》（JTG D30）的有关规定。

7 重力式挡墙宜采用片石混凝土或素混凝土，混凝土强度等级不应低于C15，中冻区、重冻区基础不应低于C20，墙身不应低于C25。

8 重力式挡墙的基础埋置深度，宜根据地基稳定性、地基承载力、冻结深度、水流冲刷情况和岩石风化程度等因素确定。

9 抗滑挡墙应每间隔6.0~8.0m设置一道伸缩缝。在地基可能产生不均匀沉降处，应设置沉降缝，并兼作伸缩缝。伸缩缝或沉降缝宽度宜为20~30mm，沉降缝内沿墙内、外、顶三边可采用沥青麻筋或浸沥青木板填塞，填塞深度不应小于150mm。

10 墙背填土应优先选择透水性较强的填料。采用黏性土作填料时，宜掺入适量的碎石。不得采用淤泥、耕植土、膨胀性黏土等作为填料。

11 挡墙基底可设置成反坡或采用凸榫基底，反坡坡率宜为0.1:1~0.2:1，土质地基取小值，岩质地基取大值；对浸水挡墙，基底反坡宜适当降低。挡墙基底采用凸榫时，凸榫应设置在坚实地基上。挡墙基底纵向坡度不应大于5%，当超过5%时，应设置成台阶状。

12 墙身应设置泄水孔，孔径宜为50~120mm，间距宜为2.0~3.0m，上下左右交错布置；泄水孔向墙外倾斜，坡度宜为3%~5%；最下排泄水孔的底部宜高出地面0.3m。泄水孔底部与地面之间设置隔水层。在地下水发育的地段，泄水孔应加密，或适当增大泄水孔孔径。

13 墙背应设置反滤层。反滤层应采用透水性砂砾、碎石或透水土工布。采用砂砾、碎石时，粒径宜为0.5~50mm，反滤层厚度不应小于0.5m。

14 挡墙背后土层潮湿或具有膨胀性时，应在土体中设置支撑渗沟；渗水量较大时，可在墙背排水层底部增设纵向管式或洞式渗沟；有泉水出露时，应设置纵、横向排水暗沟。

15 抗滑挡墙工程质量评定应符合现行《公路工程质量检验评定标准 第一册 土建工程》（JTG F80/1）的有关规定。

4.5.5 抗滑桩

1 抗滑桩可用于各种类型滑坡防治。根据滑坡特点和工程需要，可采用埋入式抗滑桩、悬臂式抗滑桩、预应力锚索抗滑桩、排架组合式抗滑桩等。

2 抗滑桩应嵌入稳定地层中，应验算桩顶以上岩土体稳定性、桩间岩土体稳定性，避免滑体从桩顶滑出。

3 抗滑桩桩位宜选择在滑坡体较薄、嵌固段地基强度较高的地段，综合考虑确定其平面布置、桩间距、桩长和截面尺寸等。

4 对下滑力较大的滑坡，可根据地表形态、滑动面（带）倾角、推力分布、滑体厚度等因素，设置多排抗滑桩进行分段阻滑。

5 当滑坡变形较大且不宜进行大截面抗滑桩开挖施工时，可采用钻孔灌注桩或小直径组合桩。

6 抗滑桩桩长宜小于35.0m，抗滑桩间距宜为5.0~8.0m，必要时，抗滑桩顶可设置钢筋混凝土连系梁增强整体稳定性。

7 桩身混凝土可采用普通混凝土。桩身混凝土的强度等级不应低于C30。地下水或环境土有侵蚀性时，水泥应按有关规定选用。

8 纵向受拉钢筋宜采用HRB400的带肋钢筋，直径不应小于16mm，净距不应小于80mm。钢筋的连接应满足现行《混凝土结构设计规范》（GB 50010）的相关要求。纵向受拉钢筋不得采用电渣压力焊连接，受力筋混凝土保护层厚度不小于70mm。

9 验收宜包括下列内容：

1）桩孔断面尺寸、深度和护壁及成孔质量应符合设计要求。

2）原材料和混凝土强度等应符合设计要求，抗滑桩混凝土应连续灌注，捣固密实。

3）钢筋配置数量及长度应符合设计要求。

4）桩身质量完整性检测规定如下：横断面面积大于$2m^2$的桩，以及对质量有怀疑的桩，均应全部检测。其他桩的检测数量不应少于总桩数的30%且不少于10根。当检测出有缺陷的桩数大于被检测桩数的30%时，应全部检测。对有缺陷或其他问题的桩身应钻取芯样检测，并取样做抗压、抗剪试验。

5）实测项目见表4.5.5。

表4.5.5 抗滑桩实测项目

序号	实测项目		规定值或允许偏差	检查方法和频率
1	桩位（mm）		±100	经纬仪测：全部
2	桩的方位角（°）		±5	经纬仪测：全部
3	桩的横断面尺寸（mm）		不小于设计尺寸	地面用尺量，中、下部查灌注前记录：全部
4	桩身倾斜度（%）	挖孔桩	<0.5	吊线量，查灌注前记录：全部
		钻孔桩	<1.0	
5	桩底高程（mm）		±50	实测，查灌注前记录：全部
6	桩顶高程（mm）		±50	水准仪测：全部

6）外观质量：桩顶、桩身外露面平顺、美观，不得有明显缺陷。

4.5.6 预应力锚索

1 预应力锚索宜用于岩质滑坡加固，不宜单独用于土质滑坡。其锚固段宜置于稳定岩层内。腐蚀性环境中不宜采用预应力锚索。

2　采用预应力锚索进行加固时，应根据滑坡地质条件、性质、规模、破坏模式、稳定状况及稳定性计算结论等对锚固方案的合理性、安全性进行技术经济论证。

3　当滑坡体坡面较陡且为堆积层或土质滑坡时，预应力锚索宜与抗滑桩、钢筋混凝土格构组合使用。

4　锚固形式宜根据边坡岩土体类型、滑坡特征、锚索承载力大小、锚筋材料和长度、施工工艺等条件综合确定。对软质岩、风化岩地层，宜采用压力分散型锚索；对强度较高的硬质岩石地层，可采用拉（压）力集中型锚索。

5　预应力锚索用于整治滑坡时，其设计荷载及滑坡推力宜按现行《公路滑坡防治设计规范》（JTG/T 3334）的有关规定进行计算。

6　当滑坡体为岩质且结构完整时，锚索锁定预应力值宜为设计锚固力的100%。当滑坡体蠕滑明显，采用预应力锚索与抗滑桩组合结构时，锚索锁定力宜为设计锚固力的50%～80%。当滑坡体具有倾倒崩滑性时，锚索锁定力宜为设计锚固力的30%～70%。

7　对于大型滑坡，宜采用现场破坏性拉拔试验确定锚索的极限承载力和锚固段长度，拉拔试验的锚索数量不应少于3根。

8　预应力锚索长度不宜大于50.0m。单束锚索设计拉力宜为500～2500kN。锚索间距应以设计的锚固力能对地基提供最大的张拉力为标准，宜为3.0～6.0m，最小间距不应小于2.5m。当锚索间距小于2.5m时，应将相邻锚索的倾角调整至相差3°以上。

9　锚索倾角不宜大于45°，宜采用15°～30°。当抗滑桩上设置多排预应力锚索，且间距较小时，各排锚索宜采用不同的倾角，以改善锚固段的受力条件。

10　锚索锚固段长度、自由段长度以及张拉段长度确定宜满足下列要求：

1）锚固段长度应取地层和注浆体间黏结长度与注浆体和锚索体间黏结长度中的较大值，且不应小于3.0m，也不宜大于10.0m。当计算确定的锚固段长度大于10.0m时，宜采取改变锚头结构或扩大锚固段直径等措施。

2）锚索自由段应伸入滑动面或潜在滑动面不小于1.0m，且自由段长度不得小于5.0m。

3）张拉段长度应根据张拉机具确定，锚索外露部分长度宜为1.5m。

11　预应力锚索由锚固段、自由段和锚头3部分构成，其中，锚头由垫墩、钢垫板和锚具组成；锚索每隔1.5～2.0m应设置隔离架；锚索的保护层厚度不应小于20mm。

12　预应力锚索采用的钢绞线，其力学性能应符合现行《预应力混凝土用钢绞线》（GB/T 5224）的规定。

13　锚具由锚环、夹片和承压板组成，并应满足下列要求：

1）预应力锚具和连接锚索的部件，其承载能力不应低于锚索极限承载力的95%。

2）锚具、夹具及连接器应符合现行《预应力筋用锚具、夹具和连接器应用技术规程》（JGJ 85）的规定。

14　锚索应做好防锈、防腐处理。

15　钻孔根据需要可采用水钻或干钻，当水钻可能影响滑坡（边坡）稳定时，应采用干钻。锚孔可用清水洗净，当用水冲洗会影响锚索的抗拔能力时，可用高压风吹净。

16　锚索孔注浆材料宜采用水泥浆或水泥砂浆，强度等级不低于M30。

17　锚索张拉宜分两次逐级张拉，第一次张拉值为总张拉力的70%，两次张拉间隔时间不宜小于3~5d。为减少预应力损失，总张拉力应包括超张拉值，自由段为土层时超张拉值宜为15%~25%，自由段为岩层时宜为10%~15%。张拉应在孔内砂浆达到设计强度的75%后方可进行，张拉过程中应对锚索伸长及受力做好记录，并核实伸长与受力值是否相符。

18　预应力锚索张拉锁定后，锚头部分应涂防腐剂，再用C30混凝土封闭，保护层厚度不宜小于5cm。

19　为验证预应力锚索设计，检验其施工工艺，指导安全施工，在锚固工程施工初期，应进行预应力锚索基本试验。基本试验的锚索数量可按工作锚索的3%控制，且不少于3根，当有特殊要求时可适当增加。基本试验的锚索最小拉拔力不应小于预应力锚索的超张拉力，且每根锚索拉拔力差值应小于30%，若最大差值大于30%，应按3%的比例补充锚索数量。

20　梁、单锚墩底嵌入坡面岩体内深度不宜小于0.2m，混凝土强度等级不宜低于C30，并配置适量的构造钢筋。格架（框架）梁内主筋应分单元配置通长钢筋。

21　验收应按现行《公路工程质量检验评定标准　第一册　土建工程》（JTG F80/1）中边坡锚固防护的相关规定执行。

4.5.7　格构锚固

1　格构锚固适用于坡面坍滑和深部滑动的综合防护，格构应与环境相结合，利用框格护坡，并在框格之间种植花草以达到美化环境的目的。

2　当滑坡稳定性好，但前缘表层开挖失稳、出现坍滑时，可采用浆砌块石格构护坡，并采用锚杆固定。

3　当滑坡稳定性差且滑坡体厚度不大时，可采用现浇钢筋混凝土格构+锚杆（索）进行防护，锚杆（索）须穿过滑带对滑坡进行阻滑。

4　当滑坡稳定性差，且滑坡体较厚、下滑力较大时，可采用混凝土格构+预应力锚索进行防护，预应力锚索须穿过滑带对滑坡进行阻滑。

5　格构形式和间距的相关要求如下：

1）方形，指顺边坡倾向和沿边坡走向设置方格状钢筋混凝土梁，格构梁横向间距应小于4.0m。

2）菱形，指沿平整边坡坡面斜向设置钢筋混凝土梁，格构梁间距应小于4.0m。

3）弧形，格构梁横向间距应小于3.5m。

4）"人"字形，格构梁横向间距应小于3.5m。

5）其他格构形式可采用经验类比进行选择。

6　钢筋混凝土格构纵向钢筋宜采用φ14mm的HRB400级以上的热轧钢筋，箍筋宜采用φ8mm的HPB300级以上的钢筋加工。若纵向受力钢筋的计算配筋率小于最小配筋率，可采用构造配筋，使其满足最小配筋率的要求。

7　格构采用的混凝土强度等级不应低于C25，最外层钢筋的保护层厚度不应小于35mm。

8　格构应每隔10～25m宽度设置一道伸缩缝，缝宽20～30mm，缝内填塞沥青麻筋或沥青木板。

9　格构锚固坡面应平整，坡度不宜大于70°。

10　当坡度较陡时，应在格构间做坡面防护处理。如格构中间采用挂网喷浆，应设排水孔。

11　格构锚固质量评定应按现行《公路工程质量检验评定标准　第一册　土建工程》（JTG F80/1）的有关规定执行。

4.5.8　护坡工程

1　护坡是在坡面稳定的前提下维护坡面形态的一种工程措施，一般不考虑边坡地层的侧压力，故要求防护的边坡具有足够的稳定性。

2　框格护坡的相关要求如下：

1）框格防护可采用混凝土、浆砌片（块）石、卵（砾）石等做骨架，框格内宜采用植物防护或其他辅助防护措施。

2）对土质或风化岩石边坡进行防护时，可采用预制混凝土砌块或浆砌卵石、干砌片石等做骨架；对较陡、较深的挖方边坡，宜采用现浇混凝土或浆砌片（块）石做骨架。骨架宽度宜采用20～30cm，嵌入坡面深度应视边坡土质及当地气候条件确定，一般为15～20cm。

3）框格的大小应视边坡坡度、边坡土质确定，并应考虑与景观相协调。方形框格尺寸宜为1m×1m～3m×3m，如采用拱形骨架的形式，圆拱的直径宜为2～3m。

4）采用框格防护的边坡边缘及坡脚宜采用与骨架部分相同的材料加固。加固条带的宽度宜为40～50cm。

3 喷浆和喷射混凝土护坡的相关要求如下：

1）喷浆和喷射混凝土防护适用于边坡易风化、裂隙和节理发育、坡面不平整的岩石挖方边坡。

2）喷浆防护采用的砂浆强度等级不应低于M10，厚度宜为5～10cm。

3）喷射混凝土防护宜在混凝土内设置菱形金属网或高强度聚合物土工格栅并通过锚杆或锚固钉固定于边坡上。混凝土中集料最大粒径不超过15mm。混凝土强度等级不应低于C15，喷射混凝土厚度宜为10～15cm。

4）护坡应间隔2～3m交错设置泄水孔，孔径为0.1m。大面积护坡坡面上应设置伸缩缝，伸缩缝间距不宜超过20m。

4 干砌片石与预制混凝土块护坡的相关要求如下：

1）干砌片石与预制混凝土块护坡适用于易受水流侵蚀的土质边坡、严重剥落的软质岩石边坡。

2）干砌片石护坡一般分为单层铺砌和双层铺砌两种。铺砌层厚度：单层为0.25～0.35m；双层的上层为0.25～0.35m，下层为0.15～0.25m。预制混凝土块护坡为单层铺砌。铺砌层下应设置碎石或砂砾垫层，厚度为0.10～0.15m。

3）所用石料宜为未风化的坚硬岩石，其重度一般不小于20kN/m³。预制混凝土块一般采用C30混凝土浇制。

4）干砌片石与预制混凝土块护坡坡脚应修筑墁石（混凝土）铺砌式基础，埋置深度一般为1.5倍护坡厚度。

5 浆砌片石护坡的相关要求如下：

1）当缓于1∶1的土质或岩石边坡的坡面防护采用干砌片石不适宜或效果不好时，可采用浆砌片石护坡。

2）对于地下水丰富的土质边坡，在未进行排水措施之前，不宜采用浆砌片石护坡。

3）浆砌片石护坡的厚度一般为0.2～0.5m。

4）浆砌片石护坡应每隔10～15m设置一道伸缩缝，缝宽约2cm，缝内填塞沥青麻筋或沥青木板等材料。在基底土质有变化处，还应设置沉降缝，可考虑将伸缩缝与沉降缝合并设置。

5）护坡的中、下部应设泄水孔，以排泄护坡背面的积水及减小渗透压力。泄水孔可采用10cm×10cm的矩形孔或直径为10cm的圆形孔，其间距为2～3m。泄水孔后

0.5m 的范围内应设置反滤层。

6 护坡工程质量评定应按现行《公路工程质量检验评定标准 第一册 土建工程》（JTG F80/1）的有关规定执行。

4.5.9 生态防护

1 生态防护工程主要是利用植物根系固定边坡土壤，利用植物的茎、叶对边坡进行覆盖，防止水流对坡面的冲刷以及对坡面的侵蚀所造成的水土流失，增加边坡的稳定性，美化路容，保护环境。

2 对坡面进行生态防护必须确保边坡的稳定和安全，与周围环境能协调一致，且应选择适宜的边坡生态防护方法、施工工艺、养护措施，做到经济合理。

3 植物生态防护宜采用草灌乔结合，应选用当地优势群落，并符合下列规定：

1）选择耐干旱、耐瘠薄、根系发达的植物；选择种子易于采摘、储存、发芽的植物；依据种子的生理特性和形态特征，选择适于喷播工艺的植物；不应选用可导致生态危害的外来入侵种、植物绞杀种。

2）喷播基质厚度设计应考虑喷播绿化施工方法、坡率、年降水量、岩土性质、岩石风化程度、裂隙发育程度、边坡朝向等因素。在保证植物种子萌发和幼苗生长的前提下，宜降低喷播基质的厚度。

3）选择树冠不遮挡驾驶员视线的植物。

4 依据材料配方及喷播基质性状的不同，坡面生态防护工程中常用的喷播绿化施工方法可分为团粒喷播、植被混凝土喷播、有机质喷播、客土喷播、液力喷播。

5 当边坡坡率大于1∶1.2时应铺网；当边坡坡率小于1∶1.2，但边坡表面非常平滑或有冻土层时，也应铺网；当边坡坡率小于1∶1.2，且不存在积雪或冻土层时，可不铺网。

6 喷播材料的选择应符合下列规定：

1）土壤质量应符合现行《土壤环境质量 农用地土壤污染风险管控标准（试行）》（GB 15618）的有关规定，使用前宜对土壤进行消毒。

2）肥料各项理化指标应符合现行《复合肥料》（GB/T 15063）的有关规定，宜选用符合环保要求的有机肥和化肥。

3）草本植物种子质量应符合现行有关规定。

7 喷播作业施工应符合下列规定：

1）按照材料配合比和顺序投放材料。

2）根据设计喷播厚度分层喷播，先喷播基底层，后喷播种子层。

3）种子层应均匀喷播，厚度宜为 5～30mm。

4）喷播顺序宜先上后下、先难后易，喷播厚度应均匀，不得漏喷。

5）在喷播施工过程中，喷播基质不应有流失现象，当发生基质流失、剥落时，应重新喷播。

6）喷播过程中应文明施工，以减少对周围环境的影响。

8 养护管理和工程质量评定应按现行《边坡喷播绿化工程技术标准》（CJJ/T 292）的有关规定执行。

5 泥石流

5.1 一般规定

5.1.1 泥石流是指挟带大量泥沙、石块的间歇性洪流，冲击路基或在路基范围内堆积形成的灾害。泥石流按物质组成可分为泥流、水石流和泥石流，按流域形态可分为沟谷型和山坡型泥石流。

5.1.2 防治工程设计应在充分掌握泥石流规模大小、活动频率、流体性质，泥石流沟形态及物源，水文气象、地形等基础资料的前提下，通过泥石流相关参数计算，根据泥石流的自身特性，合理选用结构类型，并采取有效的综合治理措施。

5.2 养护检查

5.2.1 日常巡查

1 对公路沿线泥石流风险点的泥石流沟谷、公路结构和防护工程的完好状况和病害进行日常巡查，主要包括下列内容：

   1）公路结构及防护工程是否有明显破损等异常情况。

   2）观测记录泥石流流通区泥水位变化及流量情况。

   3）巡查沟道的堵塞情况、水流浑浊变化或断流、上流异响等情况。

2 日常巡查中发现泥石流灾情时，应及时进行处置，主要措施包括：清理泥石流堆积物、设置警示标志、临时交通管制、灾情上报等。

5.2.2 定期检查

1 对公路沿线泥石流风险点进行周期性的全面检查，主要包括下列内容：

1）区域降雨情况以及泥石流灾害暴发历史。

2）泥石流灾害成因、规模、类型。

3）泥石流主沟及支沟纵坡坡降、水流流通情况以及植被发育情况。

4）泥石流灾害冲积物组成情况以及影响范围。

5）沟道、桥涵堵塞情况。

6）公路与泥石流冲淤范围的空间位置关系。

7）公路交通当前通行情况及泥石流灾害处治情况。

8）泥石流灾害危害对象及公路结构物破损情况。

2 根据灾害发生频次、历史灾害危害程度、灾害处治情况、灾害现状情况、公路重要性，进行风险评价，提出相应的处治措施建议。

5.3 监测

5.3.1 监测内容

泥石流监测宜根据监测阶段、风险点等级按表 5.3.1 确定监测项目及内容。

表 5.3.1 泥石流监测内容

监测项目		监测阶段及风险等级					
		运营期监测			施工期监测		
		一级	二级	三级	一级	二级	三级
泥石流形成条件	降雨与气象	√	√	√	√	√	√
	物源变形	△	○	○	△	○	○
	地下水动态	△	○	○	△	○	○
泥石流运动特征	泥水位	√	△	○	√	△	○
	流速	√	△	○	√	△	○
	地声、次声	△	○	○	△	○	○
泥石流流体特征	流体重度	△	○	○	△	○	○
	流体稠度	△	○	○	△	○	○
防治工程及公路建（构）筑物	位移	√	△	○	√	△	○
	倾斜	√	△	○	√	△	○
	裂缝	√	△	○	√	△	○
	应力、应变	√	△	○	√	△	○
宏观前兆		√	√	√	√	√	√

注：√-应做；△-宜做；○-可做。

5.3.2 监测方法

泥石流监测宜根据监测项目、监测环境条件等因素等按表 5.3.2 选定监测设备，宜采用自动化监测方式。

表 5.3.2 泥石流监测设备选取

监测项目	常用监测方法及设备	监测目的
降雨与气象	雨量计、气象站	监测形成区降雨及气温情况等
物源变形	GNSS、全站仪、拉线式位移计、InSAR、钻孔测斜仪、倾角仪、裂缝计	监测物源区岩土体地表和深部变形情况，崩塌体及地表建（构）筑物等的倾斜程度、裂缝发展情况等
地下水动态	水位计、孔隙水压力计、土壤含水率计	监测地下水位、孔隙水压力及土体湿度的变化情况
泥水位	接触式泥位计、超声波泥位计	监测流动过程中沟道的泥水位变化情况
流速	雷达测速仪、浮标法	通过直接或间接方法监测或计算泥石流流速
地声、次声	地声/次声报警器	监测泥石流在形成和运动过程中产生的地声及次声的数据变化
流体重度、稠度	采样器、黏度计、电子秤	辨识泥石流的类型
防治工程及公路建（构）筑物	全站仪、GNSS、水准仪、倾斜仪、裂缝计、应力计、应变计、光纤监测	监测防治工程及公路建（构）筑物的变形情况
宏观前兆	一体化摄像机、人工巡查	监测物源区表观变化情况、宏观变形迹象等

5.3.3 监测点网布置

1 泥石流监测点布置数量宜结合风险等级、沟道特征等因素按表5.3.3确定，具体宜布设在流通区纵坡、横断面形态变化处、地质条件变化处，并应侧重于在泥石流对公路工程产生危害或影响的区域布设。

表 5.3.3 泥石流监测点布置数量

监测对象	监测内容	风险等级		
		一级	二级	三级
泥石流	降雨与气象	≥3个	≥2个	≥1个
	物源变化	全流域	全流域	全流域
	地下水动态	3~5个	1~3个	0~1个
	流速、泥水位	≥3个	≥2个	≥1个
	地声、次声	≥3个	≥2个	≥1个
	流体特征	≥3个	1~2个	0~1个
防治工程及公路建（构）筑物	位移、倾斜、裂缝	≥3个	≥2个	≥1个
	应力、应变	2~3个	1~2个	1个

2 可沿沟道主轴方向布设一排监测点，垂直于主轴方向布设一排或多排监测点，

呈"十"字形或"丰"字形展布，地形条件复杂时可根据现场情况布设网形。

3 物源监测点网布置可参照滑坡、崩塌监测相关要求。

4 泥石流运动特征监测点和视频监测点布置，应根据下游公路基础设施防灾救灾所需提前报警的时间和泥石流运动速度确定。

5.3.4 监测频率

泥石流形成条件监测频率可参照滑坡、崩塌灾害监测频率。泥石流运动过程监测频率宜满足表 5.3.4 的规定。

表 5.3.4 泥石流运动过程监测频率

过程监测	监测频率
降雨与气象	不低于 1 次/min
泥位监测	不低于 1 次/min
地下水动态	不低于 1 次/10min
次声监测	不低于 1 次/min

注：当处于非汛期时，可根据现场情况适当降低监测频率。

5.4 治理

5.4.1 勘察要点

1 泥石流勘察应查明泥石流发育的地质环境及形成条件、泥石流基本特征和危害，评价泥石流类型、规模、发育阶段、活动规律、危害程度等，为泥石流防治方案选择和防治工程设计提供基础资料。

2 泥石流勘察范围为形成泥石流的整个流域，包括泥石流形成区、流通区、堆积区和泥石流影响区。

3 泥石流勘察中的调查测绘范围包括沟谷至分水岭的全部地段和可能受泥石流影响的地段。测绘地形图比例应满足下列要求：

1）泥石流沟全域为 1∶50000～1∶2000。

2）泥石流沟重点区域（物源点、沟道段、堆积扇）为 1∶2000～1∶500。

3）拟设工程区为 1∶1000～1∶200。

4 泥石流勘察宜采用遥感、地质调查与测绘、勘探等手段。

5 资料收集包括遥感影像、水文气象、土壤植被、地形地质、泥石流活动史、人类工程活动和已有治理工程经验等资料。

6 遥感解译包括地质环境、植被分布和地面水系特征，汇水区范围和面积，岩土分布特征，泥石流沟谷形态、规模、切割深度和弯曲状况，形成区、流通区和堆积区范围及其相互关系。

7 在全流域遥感解译的基础上开展工程地质测绘，对重点物源区、拟设治理工程区开展大比例尺工程地质测绘及工程地质勘探。

8 泥石流勘察应在调查基础上，运用物探、钻探、井槽探等勘探手段，进一步查明灾害形成区、堆积区及可能设置防治工程或绕避工程地段的地层岩性、结构、分布特征及物理力学性质等。

5.4.2 设计要点

1 根据泥石流形成条件、类型、流动特点及活动规律，采取拦截、排导和坡面防护等综合治理措施。

2 拦挡坝可用于沟谷中上游或下游没有排沙或停淤地形条件、需控制上游产沙的沟道，以及流域来沙量大的沟谷段。拦挡坝坝体位置宜根据设坝目的，结合沟谷地形及基础地质条件综合考虑确定，坝体高度宜为 5~20m，坝顶宜采用平顶式；当两端岸坡有冲刷可能时，宜采用凹形。

3 格栅坝可用于拦截流量较小、大石块含量少的小型泥石流。格栅间隔按拦截大石块、排泄细颗粒的要求布置，过水断面应满足下游安全泄洪的要求，坝体宽度应与沟槽同宽，坝基应设在坚实的地基上。

4 排导沟可用于有排沙条件的路段，出口应与主河道衔接，纵坡宜与地面坡一致，横断面应根据流量计算确定，并应进行防护。

5 导流堤可用于防止泥石流直接冲击路堤或壅塞桥涵，高度应为设计使用年限内的泥石淤积厚度与泥石流沟深之和；在泥石流可能受阻的地段或弯道处，还应叠加冲起高度和弯道高度。

6 可结合地形条件、沟槽宽度、泥石流性质、流量、流势及其发展变化规律综合考虑桥涵跨越方案。

7 穿过小型坡面泥石流的三、四级公路可采用过水路面，路基横断面应采用全封闭式，坡脚应设抑水墙。

8 宜对泥石流流域的坡面采用植物防护措施，植物防护宜选用乔木、灌木、草本植物相结合的形式。

5.4.3 治理措施类型

公路泥石流典型防治工程可分为形成区控源工程、形成/流通区拦挡工程、流通区防护工程、堆积区排导（停淤）工程、综合治理工程及整体绕避工程等，具体工程措施见表 5.4.3-1~表 5.4.3-6。

表 5.4.3-1　形成区控源工程措施

控源工程	形成区控源工程以生态工程措施为主，在泥石流流域保护和恢复森林植被，防治水土流失，削弱泥石流活动。除植树种草外，更重要的是禁止乱砍滥伐，合理耕植、放牧，防止人为破坏生物资源和生态环境，也可根据具体工程特点采用控制泥石流物质来源的工程措施。泥石流生物防治措施可参考《地质灾害生物防治工程设计规范（试行）》（T/CAGHP 050—2018）的相关规定

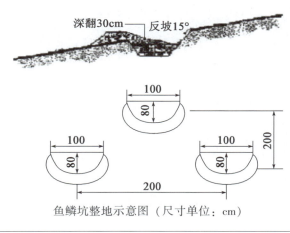

鱼鳞坑整地示意图（尺寸单位：cm）

山坡鱼鳞坑

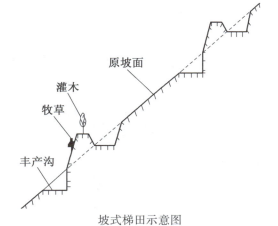

坡式梯田示意图

坡式梯田

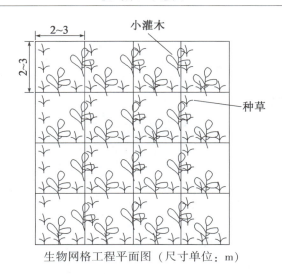

生物网格工程平面图（尺寸单位：m）

生物网格工程护坡

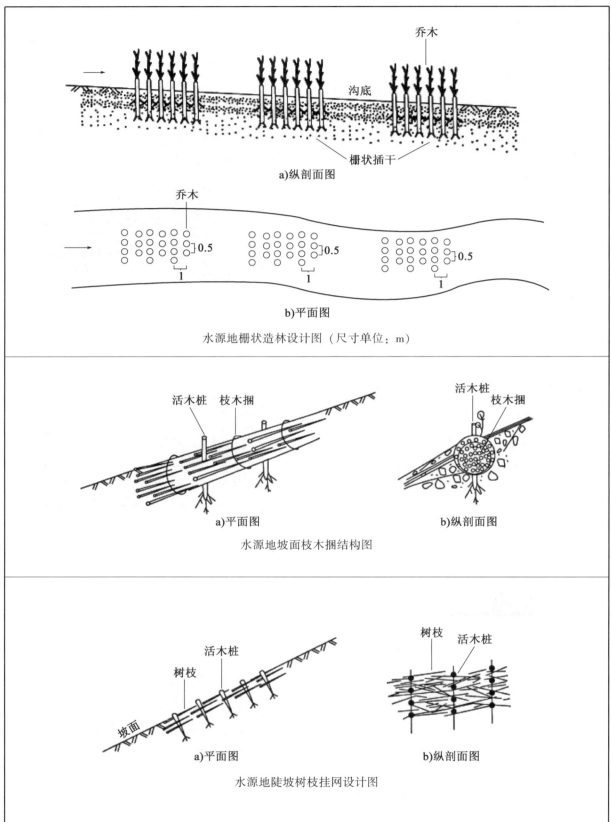

表 5.4.3-2　形成/流通区拦挡工程措施

拦挡工程	形成区拦挡工程以拦稳排蓄为主，兼顾岸坡稳定，可修建控制性谷坊、谷坊群和拦挡坝；采用穿透式结构，可提升工程的安全度，提高库容的重复使用率
谷坊	谷坊是指山区沟道内拦截泥沙的小坝，为水土流失地区的山沟治理工程之一。其功能有：抬高沟底侵蚀基点，防止沟底下切和沟岸扩张，并使沟道坡度变缓；拦蓄泥沙，减少输入河川的固体径流量；减缓沟道水流速度，减轻下游山洪危害；坚固的永久性谷坊群有防治泥石流的作用；使沟道逐段淤平，形成可利用的坝阶地

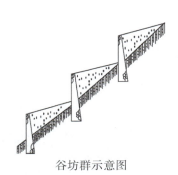

谷坊群示意图

谷坊群

柔性谷坊

柳编谷坊

格宾网谷坊

生态谷坊

拦挡坝	可分为重力式、格栅式、柔性和桩林等。拦挡坝具有的功能有：拦截水沙，改变输水、输沙条件，调节下泄水量和输沙量；利用回淤效应，稳定斜坡和沟谷；降低河床坡降，减缓泥石流流速，抑制上游河段纵、横向侵蚀；调节泥石流流向

续上表

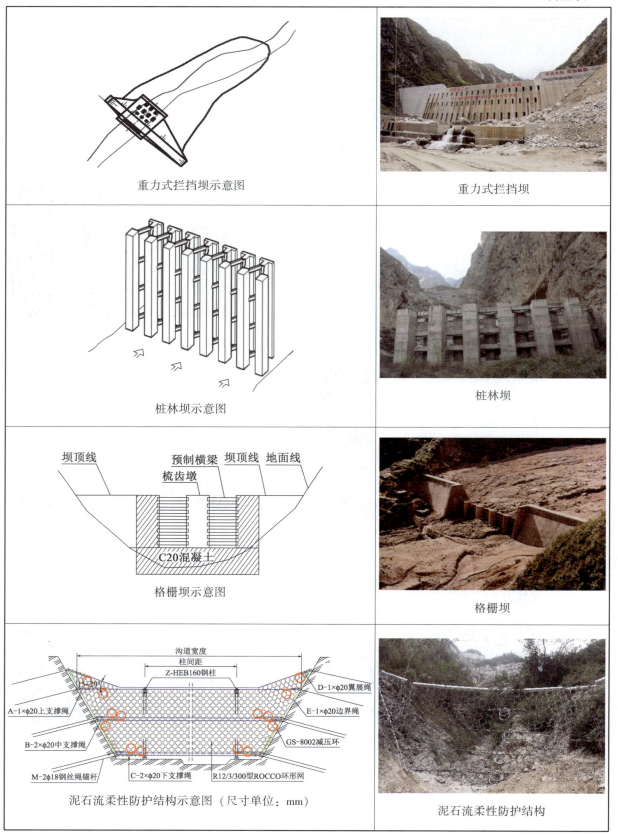

重力式拦挡坝示意图	重力式拦挡坝
桩林坝示意图	桩林坝
格栅坝示意图	格栅坝
泥石流柔性防护结构示意图（尺寸单位：mm）	泥石流柔性防护结构

表 5.4.3-3 流通区防护工程措施

防护工程	以防护为主，酌情修建护岸、护坡、浅槛或肋箍，以维持沟道稳定
抛石防护示意图	抛石防护
木护岸（坡）结构图 a) 木护岸(坡)透视图　b) 稳定浅层滑坡的木护坡 c) 稳定路基的木护坡　d) 木护岸	木护岸
浅槛结构示意图（开挖线 1:0.4）	浅槛

— 55 —

表 5.4.3-4　堆积区排导（停淤）工程措施

排导（停淤）工程	堆积区以排导为主，修建泥石流排导槽（渡槽）或导流堤，将泥石流和山洪顺利排入主河，使其不产生淤积和冲刷。若无排导条件，则可考虑修建停淤工程，并定期清淤
a) 复式矩形　b) 复式V形(一)　c) 复式V形(二)　泥石流典型排导槽断面示意图	泥石流排导槽
肋坎排导槽示意图（尺寸单位：mm）	肋坎排导槽
渡槽示意图	渡槽
导流堤布置示意图	导流堤

续上表

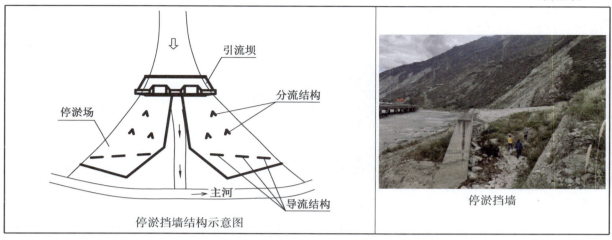

| 停淤挡墙结构示意图 | 停淤挡墙 |

表 5.4.3-5 综合治理工程措施

| 综合治理工程 | 综合治理工程是根据泥石流沟道特点、规模、危害等，以控源工程、拦挡工程、防护工程、排导（停淤）工程等多项措施相组合的防治模式 |

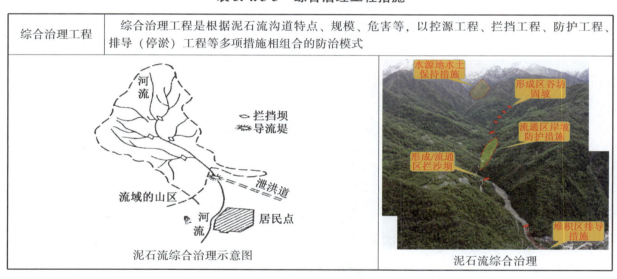

| 泥石流综合治理示意图 | 泥石流综合治理 |

表 5.4.3-6 整体绕避工程措施

| 整体绕避工程 | 整体绕避工程是以完全绕避泥石流影响区为目标的防治模式，包括隧道绕避、换岸绕避、桥梁绕避等 |

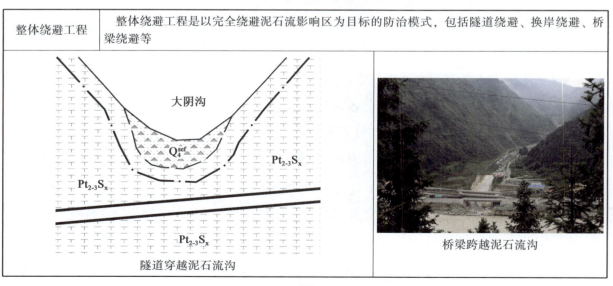

| 隧道穿越泥石流沟 | 桥梁跨越泥石流沟 |

5.5 单项防治工程

5.5.1 谷坊

1 谷坊一般修建于泥石流形成区，作用为稳固沟床、减轻谷坡或谷底侵蚀、控制泥石流物源，减少泥石流活动和控制其规模。

2 谷坊净高宜取3.0～5.0m，基础埋深宜取2.0～3.0m，顶宽1.0～1.5m，迎水坡度为1:0.5～1:1.5，背水坡度为1:0.3～1:1.0。若沟床纵比降大于或等于0.15，可在谷坊下游设置埋入沟床深度2.0～3.0m的浅槛。

3 谷坊的间距宜根据谷坊高度、原沟底坡降、上下游相邻谷坊间淤积坡降综合确定，一般取15～50m，如布设位置坡度较陡，可适当降低谷坊间距。谷坊应布置在侵蚀强烈或崩滑体等坡面物源下游位置。

4 石谷坊的溢洪口可设置在坝体中部，若沟岸有适宜的地形和地质条件，则可设置在岸坡。溢洪口的断面尺寸根据设计洪水洪峰流量确定。

5.5.2 拦挡坝

1 对于泥石流沟的主沟或较大的支沟宜设置拦挡坝，具体可设置于下列位置：

1）流通区地形颈口，上游窄下游宽的喇叭形入口处。

2）支沟汇口下方，跌坎上游且无冲沟和集水槽危害处。

3）含有大量粗颗粒的稀性泥石流、水石流的沟道处。

2 泥石流拦挡坝可分为重力坝、格栅坝、桩林坝等。拦挡坝设计计算应满足抗滑移、抗倾覆、地基承载力、坝体强度等要求；重力坝与格栅坝设计尚应符合构造要求。

3 按施工放线、导流施工、坝基开挖、坝基础浇筑、坝肩边坡防护与开挖、坝体分段浇（砌）筑、坝下侧（翼）墙基础开挖与墙体砌筑、护坦铺筑、场地清理的顺序进行施工。如遇软弱地基土，应按设计要求先进行地基处理。

4 坝体位置、坝体各部结构尺寸和坡面斜率应满足设计要求。

5 混凝土实体坝按设计要求分段，每段应连续浇筑成型。格栅坝、桩林坝等非实体坝的坝基以上构筑物应一次性连续浇筑成型。

6 坝基开挖至设计高程后，应及时验槽，宜采用荷载试验与动力触探或声波、地震物探方法验证地基承载力，满足要求后应尽快进行基础施工。

7 坝肩开挖三面边坡应按设计要求放坡，条件不允许时应进行临时支挡。

8 坝体应严格按设计要求施作沉降缝，坝体应按沉降缝设置进行分段施工。

9 坝体宜采用整体分层连续浇筑或推移式连续浇筑混凝土，分层厚度不宜大于

500mm。应缩短混凝土浇筑间歇时间，并在前层混凝土初凝之前将次层混凝土浇筑完毕。混凝土应采用二次振捣工艺，不得漏振、欠振、过振，混凝土浇筑面应及时进行二次抹压处理。

10 拦挡坝质量应满足验收基本要求，主要包括：工程位置、工程地基、原材料规格及质量、砂浆及混凝土配合比和强度、土质坝所用材料及密实度、钢筋配置数量及长度，以及沉降缝和泄水孔的数量、位置及质量等应满足设计要求；浆砌时砌石应分层错缝，嵌填饱满密实，不得有空洞。

11 拦挡坝外观质量应满足要求，主要包括：砌体坚实牢固，外观平顺，无脱落现象；泄水孔坡度向外，无堵塞；沉降缝整齐垂直，上下贯通。

5.5.3 排导槽

1 排导槽宜设置在泥石流沟道流通区或堆积区，作用是将泥石流排导到指定的区域。

2 排导槽应有足够的刚度（整体性）和地基承载力，不得因地下水、不均匀沉降等原因造成局部或整体滑移、变形、开裂、折断而危及自身安全。

3 排导槽布置应满足平面、纵断面、横断面布置要求。

4 排导槽设计计算应满足强度、稳定性、过流能力验算要求。

5 排导槽设计应满足细部构造要求。

6 排导槽宜按施工放线、导流施工、基槽开挖、槽（堤）浇（砌）筑、土方回填、场地清理的顺序进行施工。如遇软弱地基土，应按设计要求先进行地基处理。

7 基槽开挖应按设计要求分段、分台阶开挖。

8 基槽开挖至设计高程后应及时验槽，宜采用钎探、触探等方法进一步验证地基条件是否满足设计要求。

9 铺筑前应做好沟槽导流措施。

10 陡坡槽底施工时，应采取有效的支护措施。

11 排导槽质量应满足验收基本要求，主要包括：工程地基、原材料规格及质量、砂浆及混凝土配合比和强度、钢筋配置数量及长度、回填土、沉降缝与泄水孔等应满足设计要求。

12 排导槽外观质量应满足要求，主要包括：工程线条及沟底应平顺，排泄通畅；砌体坚实牢固，勾缝平顺，无脱落；泄水孔坡度向外，无堵塞；沉降缝整齐垂直，上下贯通。

5.5.4 渡槽

1 渡槽适用于泥石流暴发较频繁，高含沙水流、洪水或常流水交替出现，有冲刷条件的沟道；泥石流最大流量不超过200m³/s，其中固体物料粒径最大不超过1.5m。

2 对于沟道变迁无常，冲淤变化急剧，流量、容量和含固体物粒径变幅很大的高黏性泥石流和含巨大漂砾的水石流，不宜采用或慎用渡槽。

3 渡槽布置应满足平面布置、纵断面布置要求。

4 渡槽设计应满足细部构造要求。

5 渡槽施工前宜进行全面施工调查，并根据设计文件、合同要求及现场条件等编制实施性施工组织设计。

6 渡槽施工所需机械设备与生产机具应结合设计文件、现场施工条件及施工方案等合理选择，并在施工前进行安装调试。

7 渡槽基础施工前，应全面了解槽址处地形、地质、水文、气象等条件，以及周边地上、地下构筑物等情况，确定基础施工方法与支护措施，编制专项施工方案。

8 槽墩施工前应编制专项施工方案、测量控制方案、应急预案等。槽墩施工涉及的临时受力设施应进行专项设计与计算，槽墩施工过程中应对墩身平面位置和垂直度进行监控。

9 简支梁式渡槽宜采用支架法、预制安装法、移动模架法；连续梁、连续刚构渡槽宜采用悬臂浇筑法；采用其他方法时应做专项研究。

10 拱式渡槽宜优先采用拱架现浇法、缆索吊装法，采用其他方法时应做专项研究。

11 支座、止水材料、防渗材料、保温板等专用材料应由具有资质的专业厂家制造，并在进场时按相应产品标准的要求进行抽样复验检测。

12 渡槽质量应满足验收基本要求，主要包括：地基，槽身、墩、台、拱等构筑物结构，原材料质量、规格和强度，沉降缝、排水孔的数量、位置及质量等应满足设计要求。

13 渡槽外观质量应满足要求，主要包括：槽体线条及沟底应平顺，流通通畅；出口及出流段应与沟道衔接顺直。

6 沉陷与塌陷

6.1 一般规定

6.1.1 沉陷是指路基在土体自重、外部荷载和水的作用下产生的沉降变形量超过允许值的现象。塌陷是指公路范围内采空区、岩溶洞隙、土洞等上部岩土体发生失稳引起的突发性断裂陷落，主要包括采空区塌陷及岩溶塌陷等。

6.1.2 路基沉陷防治应加强防排水设施的日常养护与维修加固，当既有防排水设施不满足使用要求时，及时增设防排水设施；当出现路基沉陷病害时，及时采取相应的防治措施进行维修加固。

6.1.3 采空区塌陷防治应根据采空区开采方式、开采历史、上覆岩土体性质及变形特征等，针对其危害程度和保护对象采取相应的工程措施，进行综合治理。

6.1.4 岩溶塌陷防治应根据岩溶发育程度、上覆岩土体特征和地下水赋存条件等，针对其危害程度和保护对象采取相应的工程措施，进行综合治理。

6.1.5 沉陷与塌陷防治应通过资料收集、工程地质调查与测绘、勘探、观测与测试及分析评价等综合勘察方法，查明沉陷与塌陷的范围、成因、地质条件，对其危害程度和发展趋势进行评价，确定沉陷与塌陷的防治对策与工程措施。

6.1.6 沉陷与塌陷防治工程应积极稳妥地采用新技术，新工艺和新材料，宜优先考虑利用工程所在地广泛分布存在的工程材料，合理利用矿渣、尾矿等废弃物，并应遵守国家现行安全生产和环境保护等有关规定。

6.1.7 沉陷与塌陷防治工程施工期间，应采取有效的技术和监控量测措施，保证邻近建（构）筑物和地下管网的安全，保证地下水、土不受污染。

6.2 路基沉陷

6.2.1 养护检查

1 日常巡查应符合下列要求：
1) 一般采用巡视目测的方法，可搭配简单的测量工具对存在路基沉陷隐患的路段进行日常巡查。

2）巡查路基是否产生沉陷，及排水设施是否存在堵塞及破损等。

2 定期检查应符合下列要求：

1）在充分收集公路基础数据资料、历次检查报告、材料试验报告和养护资料等条件下开展定期检查。

2）定期检查宜包括下列内容：

（1）沉陷区内公路基础设施空间分布及位置关系。

（2）路基沉陷分布情况、变形程度、沉陷深度和沉陷长度等。

（3）路面裂缝的分布情况、形状和宽度等。

（4）排水设施的数量、位置和尺寸是否合理，排水设施是否有变形破坏等。

（5）路基地下水出露情况。

3）做好现场定期检查记录。

4）根据定期检查成果，开展风险评价。

3 对存在路基沉陷病害的路段，定期监测已有路基沉陷的变形情况，及时掌握地质环境条件及诱发因素、发展趋势，以及已造成的和今后可能发生的灾害情况。

4 对于存在路基沉陷可能的路段，应加强日常养护与维修工作，及时清除路面积水及疏通边沟、截排水沟等排水设施，修复既有排水设施，保证其功能完好、排水畅通，并应符合下列要求：

1）软土区路基养护可采取降低水位、反压护道、侧向压缩等措施。

2）冻土区路基养护应遵循保护冻土的原则，做到宜填不挖，加强排水，保持路基干燥。

3）黄土区路基应加强对雨水冲刷及陷穴进行养护，对坡面冲刷进行抹面加固，对坡脚冲刷进行修理加固，对路基陷穴进行回填及夯实等。

6.2.2 勘察要点

1 路基沉陷勘察以资料收集与工程地质调绘为主，结合勘探、试验测试与分析评价等方法进行。

2 路基沉陷勘察宜重点查明下列内容：

1）地基岩土类型、路基填筑情况、水文地质条件及地下水动态，以及路基填料的物理、力学、水理性质及压实度等。

2）沉陷的成因、变形破坏历史及现状，沉陷范围、规模、深度及类型等。

3）软土区路基沉陷尚应查明软土分布范围、埋藏深度、分层厚度，软土的物理、力学、化学、水理性质及地基承载力等。

4）冻土区路基沉陷尚应查明冻土的分布、类型、厚度、含水率、含冰量、地温、地层结构、土质及其物理、力学和热学性质，以及多年冻土上限、季节性冻土最大冻结深度、冻土的融沉等级和冻胀性等。

5）黄土区路基沉陷尚应查明黄土的成因、类型、分布范围及厚度，黄土的物理力学性质、湿陷类型、湿陷等级和承载力等。

3 路基沉陷的调绘与勘探测试应符合下列要求：

1）调绘的范围超出路基两侧及沉陷区外不小于50m，调绘点宜布置在沉陷边界、地下水出露点、特殊性岩土及不良地质体的界线、具有代表性的节理和岩层露头等部位，调绘点在图上的密度为每100mm×100mm不少于4个。

2）勘探线沿垂直或大角度相交于沉陷裂缝延伸方向布置。地质条件简单路段勘探线宜布置1~2条，复杂路段不少于3条，间距为40~60m。勘探线上的勘探点数量不少于3个，各断面交汇点应有控制性勘探孔。

3）物探解译深度应达到路基原始地形以下30~50m。

4）钻探深度应至沉陷区以下稳定地层内3~5m。

5）探井、探坑等轻型勘探工程数量宜为勘探工程总量的20%~40%，揭露深度达变形界面一带。

6）分层采取未扰动土试样开展力学性质试验，提供变形验算参数，主要地层的土试样不应少于6组。

7）50%的钻孔布设静力触探、动力触探试验，试验成果不少于9组。

4 分析评价宜包括下列内容：

1）复核地基土的沉降量、沉降范围、发展趋势，分析路基沉降的原因、现状以及危害程度，开展不同工况条件下填筑地基的稳定性评价和计算，提出处治建议。

2）分析含水层的水文地质特征，特别是地下水的埋藏深度和承压性，以及各含水层之间地下水与地表水的水力联系。

3）软土区路基沉陷应评价地质条件、滑动稳定性及沉降稳定性，提出加固处治建议。

4）黄土区路基沉陷应确定湿陷系数、湿陷等级、剩余湿陷量及处治深度等。

5）冻土区路基沉陷应确定冻胀类型、冻胀等级、融沉等级、多年冻土的上限深度、季节冻结深度等，并提出工程处治建议。

6.2.3 防治措施

1 路基沉陷防治设计应遵循下列原则：

1）黄土区沉陷防治设计可根据路堤高度、受水浸湿的可能性、湿陷后危害程度和修复的难易程度等确定处治深度，根据公路等级、湿陷等级、处理深度要求、施工条件、材料来源及对周围环境的影响等确定处治措施。

2）软土区沉陷防治设计应同时满足路基稳定性与路基工后沉降标准。

3）冻土区沉陷防治设计宜根据冻土类型及年平均地温，采用保护冻土、控制融化速率或允许融化的设计原则。

2 路基沉陷防治设计应满足地基承载力、变形和路堤稳定性要求，并进行下列验算及计算：

1）处治范围根据病害范围、荷载和沉降要求等因素综合确定，处治深度应根据需要处理的土层厚度或下卧土层的承载力确定。

2）桥头、地层变化较大路段及不同处治措施交界处，应采取过渡处理措施，减少不均匀沉降。

3）斜坡软弱路基宜采取限制路基侧向变形的综合处理措施，并应进行稳定性验算。

4）处治后，受力范围仍存在软弱下卧层时，应进行地基承载力验算。

3 路基沉陷主要采取换填改良、注浆加固、复合地基及夯实等处治措施，并采取截排水沟、拦水带、支撑渗沟等综合防排水措施，以及采取土工合成材料及加铺罩面等辅助处治措施。常见的路基沉陷防治措施见表6.2.3。

表6.2.3 路基沉陷防治措施

治理措施	治 理 方 法
阻断水源	排除或阻断流向路基的水源，包括截排水沟、渗沟
换填法	将原受损路基中的填料挖除，更换成符合规范要求的填料重新整平压实。换填土宜选用塑性指数较小的粉质黏土或砂砾土；挖除病害路基时面积应当扩大，并呈台阶形状，填土时由下往上逐层填筑，碾压密实，压实度应较之原来的基础高出1%~2%。这种方法简便易行，在实际中应用较为广泛
固化剂法	固化剂分为液态和固态两类。液态的固化剂主要是水玻璃；固态的固化剂主要有石膏、石灰、水泥等。当路基发生沉陷时，假若路基填料受限，且所需数量较小，可以在原填料中混合一些固化剂进行加固处理。固化剂的种类和用途有所不同，在实际工程中应根据不同的需求及填料土的性质来选择固化剂
复合地基法	地基处理可以采用碎石桩、水泥搅拌桩、水泥粉煤灰碎石桩（CFG桩）、预制管桩或干拌水泥碎石桩挤密法等
注浆法	注浆法是通过注浆管使浆液在一定压力的作用下渗透、充填进入路基的空隙，经过一段时间的人工控制，使原本松散的路基变成强度高、结构成一体的新路基实体，从而提高路基强度。这种方法适用于路基沉陷面积大、深度深的情况
采用土工合成材料	如采用高强度塑料土工格栅、土工筋带等，它的作用原理是在填土之后，土体和拉筋带之间的摩擦力改善了土的物理力学性质，而使得填土和拉筋带结合成为一个整体，阻止了土体滑移并且在路基沉陷过程中形成连续沉陷，从而可防治路基不均匀沉降病害的发生

6.3 采空区塌陷

6.3.1 养护检查

1 采空区塌陷日常巡查应结合观测与量测等进行，并符合下列要求：

1）巡查路基、路面、桥隧等构造物是否有明显变形或缺损等。

2）发现有危及交通安全的异常情况时，应及时处理；不能及时处理时，应对现场采取安全和监视措施，并及时上报。

2 采空区塌陷定期检查应符合下列要求：

1）检查路基各分部工程是否发生损坏、沉降及排水不畅等情况。

2）对桥涵、隧道等构造物主要部件缺损和病害情况进行检查，对出现异常情况的部位现场做出标记。

3）检查塌陷与裂缝等的位置、形状、大小、深度、延伸方向等，并分析其与采空区、地质构造、开采边界、工作面推进方向等的关系。

3 对存在采空区塌陷的路段，宜进行路基、桥涵、隧道等构造物的承载能力检查、通行能力和运行安全调查、抗灾能力检查及材料检测等，并长期监测路基、桥涵、隧道等构造物的结构变形、基础沉降等，及时掌握灾损情况。

4 对于穿越既有采空区的路段或当线路范围外存在未停采的采空区时，应加强路段日常养护，掌握采空区位置、埋深、矿层分布及开采情况等，并实施定点观测或监测，监测采空区路面、桥涵、隧道等构造物变形特征及变形规律，及时掌握路基情况，预测形变发展的趋势，提出相应的养护措施建议。

6.3.2 勘察要点

1 采空区塌陷勘察应满足采空区稳定性分析与评价的要求，根据现场地形地质条件、工程结构设置、勘察手段的适用性等，选择适宜的勘察方法。

2 采空区塌陷勘察宜采用资料收集、工程地质调查与测绘、勘探、观测与测试及综合评价等方法，主要查明下列内容：

1）采空区地质环境及采矿条件，采空区分布、规模、要素特征。

2）采空区塌陷覆岩结构特征及采空塌陷冒落状况，分析岩层移动变形特征。

3）计算采空区塌陷地表剩余变形量、稳定性系数，预测评价塌陷区稳定性及未来发展趋势等。

3 采空区塌陷勘察资料收集宜符合下列要求：

1）收集区域地质资料及水文地质资料、压覆资源、地灾评估报告，既有勘察、设计、施工、监测与检测资料，以及矿产及其采掘资料等。

2）对收集到的资料的完整性、可靠性进行分析和验证。

4 采空区的调绘与勘探测试应符合下列要求：

1）采空区的调绘范围包括采空区及其相邻的稳定地段，岩石露头、地层界线、断层、地面塌陷、地表裂缝、采空井巷、地表变形构筑物等均应布置调绘点，以确定采空区的地表变形范围及程度。

2）物探测线沿垂直或大角度相交于采空塌陷或已知异常区的走向布置，开采资料匮乏或无规划开采的小型采空区宜按网格状布置。

3）钻探工作量宜根据收集资料情况及物探成果等综合确定。每个物探异常区不宜少于 1 个钻孔；当资料缺乏且无法精准确定采空塌陷的位置及范围时，不宜少于 3 个钻孔。

4）物探解译深度应至最下层采空塌陷底板以下 20~30m。

5）钻探深度应至采空巷道底板以下稳定地层内不小于 5m；有多层采空巷道时，应至最下一层采空巷道底板的稳定地层内不小于 3m。

6）当既有岩土体物理力学性质试验数据不能满足采空塌陷稳定性计算要求时，应补充取样并测试，取样数量不应少于 6 组；钻孔或矿井中应采取水样进行水质分析，取样数量不少于 1 件。

5 分析与评价宜包括下列内容：

1）根据采空区勘察结果，结合公路等级、工程类型及变形要求，采用定性与定量评价相结合的方法，对公路下伏采空区的稳定性及其对公路工程的影响和危害程度进行分析与评价。

2）采空区塌陷稳定性评价分为场地稳定性评价和公路工程地基稳定性评价。场地稳定性评价以地表剩余变形值等指标作为评价依据；公路工程地基稳定性评价以各类地基容许变形量作为评价依据。

3）评价采空区塌陷场地稳定性及危害性，为防治工程设计提供计算参数。

4）计算采空塌陷地表剩余变形量、稳定性系数，预测评价采空塌陷区稳定性及未来发展趋势，提出采空塌陷防治措施建议。

6.3.3 防治措施

1 采空区塌陷治理范围包括塌陷发生区域以及潜在的塌陷区域。

2 采空区塌陷防治设计应根据采空区的分布位置、埋深、采空厚度、开采方法、形成时间、顶板岩性及其力学性质等综合确定，并符合下列要求：

1）对于埋深小于 6m，上覆顶板完整性差、岩体强度低、易开挖的采空塌陷路段，宜采用充填法进行处理。

2）对于产生较严重的垮塌、滑落或经稳定性评价处于欠稳定或不稳定的公路路基部位的采空塌陷区，可采用注浆法处理。

3）可采用桥梁跨越宽度不超过40m的巷道或带状采空区，或采用梁、板跨越宽度不超过5m的巷道或带状采空区。

4）对于矿层开采规模较大、埋深小于250m的采空区，宜采用全充填注浆处理；对于埋深大于250m的采空区，宜根据其开采特征、水文地质、工程地质条件及其对公路工程的危害程度等，经论证后确定处理方案。

3 采空区塌陷防治措施见表6.3.3。

表6.3.3 采空区塌陷防治措施

采空区类型		治 理 方 法
小型采空区		1. 对线路基底的坑洞进行回填处理。 2. 采用桥梁跨越小型采空区，使桥梁基础置于坑洞底板以下
大型采空区	老采空区	1. 采用注浆技术控制地层沉降。 2. 采动覆岩扩容（胶结）控制岩体沉降技术，主要指注浆、矸石充填等。 3. 构筑墩柱支撑覆岩，包括灌注柱、干砌或浆砌地下柱墙等
	现采空区	1. 留设保护矿柱。 2. 改变开采工艺，减少地表下沉量。 （1）采取充填法处理顶板，及时全部充填或分次充填，以减少地表下沉量。 （2）减少开采厚度或采用条带法（房柱式）开采，使地表变形值不超过构筑物的容许极限值。 （3）增大采空区宽度，使地表移动充分和构筑物很快处于盆地中部均匀下沉区。 （4）控制开采的推进速度，合理进行协调开采。 3. 加强构筑物基础刚度和上部结构强度。 4. 加强维修养护，在地表变形期，特别是变形活跃期，应加强巡查，对构筑物加强观测，发现变形及时维修。 5. 松土坑洞已坍塌时，仅做地表夯实，可不做其他处理。 6. 坑洞埋深较深时，可采取灌注回填夯实。 7. 对构筑物有影响且埋深较浅的采空区，可用开挖回填方法处理。 8. 埋深较深、面积较大的采空区可用钻孔压力注浆处理

6.4 岩溶塌陷

6.4.1 养护检查

1 公路岩溶塌陷日常巡查参照第6.3.1条执行。

2 岩溶塌陷定期检查应符合下列要求：

1）调查岩溶塌陷的成因、形态、规模、分布密度、诱发因素。

2）调查地表、地下水活动动态及其与自然和人为因素的关系。

3）调查岩溶塌陷的空间位置、展布方向、内部特征，以及塌陷坑数量、展布方向、延展范围等。

4）调查塌陷坑周边地裂缝的位置、长度、宽度、深度、数量、组合特征、延伸范围和展布方向等。

5）加强对区内的异常现象、水井水位和水浑浊度变化、出水点特征、地表水体漏失情况、喷水冒砂与地面裂缝情况、地下振动与异常响动等情况的检查。

3 对于可能产生岩溶塌陷的路段，应掌握区内岩溶发育、分布规律及岩溶水环境情况，并实施定点观测或监测，直接观测和长期监测地表变形特征、变形规律，及时掌握路基情况，预测地表形变发展趋势。

4 对于存在岩溶塌陷的路段，应及时掌握岩溶塌陷情况及地表、桥涵、隧道等构筑物的变形特征，对影响路基稳定的地表水采取疏导、引排等措施，对地下水采取恢复原水位及限制水位等措施。

6.4.2 勘察要点

1 岩溶塌陷勘察应在资料收集与地质调绘的基础上，以物探为主，辅以钻探验证，结合观测与测试及分析评价等综合勘察的方法，主要查明下列内容：

1）岩溶地面塌陷现状、形成条件及诱发因素。

2）工程地质、水文地质条件、岩溶地貌形态及岩溶发育发展程度等。

3）土洞的空间分布和物质组成，地下岩溶形态、规模、充填情况及其空间变化规律。

4）岩溶塌陷动力条件，分析其动态特征及其与塌陷的关系，主要包括地表水分布，岩溶含水层组层位、岩性、含水介质类型、富水性及水化学特征，岩溶地下水流场特征和水位埋深与基岩面的关系及其动态变化等。

5）岩溶塌陷的范围、形态、规模、成因、类型、展布方向、形成条件、分布规律等。

2 岩溶塌陷调绘与勘探测试宜符合下列要求：

1）地质调绘点重点布设在岩溶地面塌陷点、公路构筑物变形点、地貌分界线、地层界线、构造线、标志层、岩性岩相变化带、井泉、地表水体和重要工程活动点及其他典型露头。

2）勘探线布置有利于查明岩溶洞隙和土洞位置、规模、埋深、充填物性状和地下水特征等。一般垂直于地形地貌和构造线及地下水流方向，能控制不同的地貌单元、岩土体类型和岩溶发育区，并力图穿越主要岩溶通道。勘探线应穿越主要塌陷坑、沉陷带、裂隙发育带。勘探线间距应小于20m，勘探点间距应小于15m。

3）地面物探发现异常时应加密探测点，以确定异常性质或异常区范围。采用井中物探法探测溶洞、裂隙等时，探测点距不大于1m。物探工作应与钻探配合协调，对重要异常点通过钻探进行验证。

4）钻进过程中，应注意观测钻具自然下落和自然减压的起止深度，测定被揭露溶洞、土洞的起止埋深、充填情况，钻探深度应至底板以下稳定地层不小于10m。

5）必要时可开展现场岩溶顶板荷载试验、示踪试验、抽水试验、压水试验等。

6）为查明地下水动力条件、潜蚀作用、地表水与地下水的水力联系，应进行流速、流向测定和水位、水质的长期观测，并符合下列要求：

（1）观测钻孔初见水位和静止水位。

（2）钻孔中见地下水位后，要求每班测孔内水位一次。

（3）观测漏水、涌水和水色变化的起止深度。

7）取样应分层采取，主要土层、底部土层、土层扰动带、岩溶充填物取样数量不应少于6组，为治理设计提供岩土物理力学参数。

3 分析评价宜包括下列内容：

1）岩溶塌陷发育分布规律及岩溶发育特征分析。

2）岩溶区场地的稳定性评价、岩溶塌陷的影响范围及危害程度，预测岩溶塌陷变形发展趋势。

3）提出岩溶塌陷治理方案建议。

6.4.3 防治措施

1 岩溶塌陷防治可选用充填法、注浆法及跨越法等，结合截流、防渗、堵漏或疏排等措施进行处治，并符合下列要求：

1）对塌陷、浅埋溶（土）洞宜采用挖填夯实法、充填法等进行处理，对深埋溶（土）洞宜采用注浆法、充填法等进行处理。

2）对有排泄要求的溶洞、落水洞，不得进行封堵处理，宜采取设置钢筋混凝土盖板、桥涵等构造物跨越，以保护岩溶地区地下水系。

3）对塌陷坑或隐伏土洞较深较大、开挖回填有困难的岩溶塌陷，可采用跨越方案，如采用桥梁跨越、地基板跨越、框架梁跨越等。

4）对地貌、地质、水文地质条件复杂及塌陷量大、影响范围大的地段，可采用多种方法综合处理。

5）岩溶水发育地段，不应切断岩溶水的径流通道，不得造成阻水、滞水及农田缺水等。

2 岩溶塌陷防治措施见表6.4.3。

表 6.4.3 岩溶塌陷防治措施

防治措施	防治方法
充填法	清除溶洞或土洞中的松土后，填以碎石、块石等，再覆土并分层夯实，可改善地基土的工程性质，防止塌陷的发生。为防止潜蚀的发生，可在回填土洞的碎石上设置反滤层。对于重要构筑物，可将坑底或洞底与基岩面的通道堵塞，开挖回填混凝土或灌浆处理
跨越法	采用桥梁跨越、地基板跨越、框架梁跨越、渡槽跨越等。当采用长梁式基础或桁架式基础或刚性大平板时，两端支承点必须设置在较完整的岩石上或可靠的持力层上，并注意其承载能力和稳定性
注浆法	灌注材料主要有水泥、碎料（砂、矿渣等）、速凝剂（水玻璃、氯化钙）等，灌注方式可采用低压间歇定量式或循环式灌浆；对于土洞，可在洞体范围内的顶板处打孔灌砂或砂砾
疏、排、围、改治理法	塌陷坑往往成为地表水倒灌的进口，可采用疏排方式把地表水引开；易产生洪泛的地区要把塌坑四周围起来，并尽快回填
平衡地下水气压法	在一些岩溶空腔内，由于水位升降会产生水气压力的变化，为防止或消除气爆、气蚀效应，可设置各种与岩溶管道相通的装置，以保持地表与地下的水气压力平衡，消除引起塌陷的动力
综合治理法	由于岩溶地区地貌、地质、水文地质条件复杂，采用单一的方法往往收不到理想的治理效果，因此，可视具体情况，针对塌陷产生的诸多因素采用多种方法综合治理

6.5 单项防治工程

6.5.1 换填改良

1 换填改良设计应符合下列要求：

1）因填料引起的路基沉陷，换填改良材料宜采用级配较好的砾类土、砂类土等粗粒土，填料最大粒径应小于 100mm。

2）浅层软土路基换填处理，可采用砂、砂砾、碎石等粒状材料。

3）季节性冻土路基换填可选用保温、隔水性能均较好的填料、非冻胀性材料及铺设保温层和防冻层等。

4）当湿陷性黄土地层较浅时，可考虑采用开挖换填素土、砂砾垫层或灰土垫层压实处理。

2 换填改良施工应符合下列要求：

1）施工中应核实需换填土层范围、深度及地质条件，换填范围及深度、换填所用材料应符合设计要求。

2）减少对老路基的扰动，及时做好开挖回填及防排水工作。

3）采用透水性材料作为回填材料时，应做好与既有排水设施的衔接。

4）回填时挖补面积应扩大，逐层挖成台阶状，由下往上逐层填筑并碾压密实，压实度高出原路压实度1%~2%为宜。

3　换填改良应按照现行《公路工程质量检验评定标准　第一册　土建工程》（JTG F80/1）中路基土石方工程质量检验评定要求进行验收。

6.5.2　复合地基

1　复合地基设计应符合下列要求：

1）复合地基可用于处治地基沉降变形大、承载力低的软土路基，常用碎石桩、水泥搅拌桩、CFG桩、预制管桩及挤密砂石桩等。

2）当湿陷性黄土地层较厚，且土体含水率大于22%时，可考虑采用桩挤密法处理，常用的有砂桩挤密、碎石桩挤密、灰土桩挤密等。

2　复合地基施工应符合下列规定：

1）碎石桩、加固土桩、CFG桩施工前应做成桩试验，并对复合地基承载力进行检测。

2）成孔桩长允许偏差≤100mm，桩径允许偏差≤20mm，垂直度允许偏差≤1%。

3）宜采取振动小的干钻方式进行预成孔，并及时清运钻孔取土。钻孔过程中应避免多台设备在同一断面同时施工，以减少对老路基的振动扰动。

4）对桩顶高程以上的路基内桩孔，应进行封孔回填处理。

5）要对单桩桩体质量进行检测，检测方法可根据情况选用钻芯法、标准贯入试验、圆锥动力触探、低应变法及高应变法。

3　复合地基应按照现行《公路工程质量检验评定标准　第一册　土建工程》（JTG F80/1）软土地基处置质量检验评定要求进行验收。

6.5.3　充填法

1　充填法设计应符合下列要求：

1）充填材料宜选用级配较好的砾类土、砂类土等粗粒土，以及碎石、混凝土、泡沫轻质土等。

2）采用碎石及混凝土材料充填时，充填材料中的碎石抗压强度不宜低于15MPa；应对泡沫轻质土中水泥、粉煤灰、外加剂、发泡剂的配合比进行规定，抗压强度应通过试验确定，且不应低于1.5MPa。

3）防治区边缘存在填充浆液流失条件时，宜在边缘外侧设置防填充浆液流失的帷幕。

2　充填法施工应符合下列要求：

1）根据塌陷体的深度、岩土性质，合理确定开挖顺序，分段分层均衡开挖。

2）通过现场试验确定填充浆液适宜的初凝、终凝时间及灌注压力。

3）根据设计要求的压实参数，选配合理的压实设备，严格按要求的分层厚度进行铺填，分层厚度根据土类、碾压机械性能及最大填料粒径等确定。

4）按路基要求分层夯实，质量应满足现行《公路路基设计规范》（JTG D30）及《公路路基施工技术规范》（JTG/T 3610）的有关规定。

5）塌陷坑周边宜设置截排水沟，以防地表水渗入填筑区内，填筑区地表设排水系统，并与原排水系统相衔接。

3 充填法工程质量验收应符合下列要求：

1）基本要求如下：

（1）经充填处理的地基有承载力要求的，采用荷载试验检测，单位工程抽检数量不少于3个点，对复杂场地应增加抽检点数。

（2）充填加固范围、深度和强度应达到设计要求，其平均无侧限抗压强度不应低于设计强度。检测方法可采用钻芯法，每个溶（土）洞钻孔数量不少于1孔，钻孔宜位于距离充填灌浆孔50～100cm处，充填效果根据充填前后的相关数据比较后进行评价。

（3）充填效果有特殊设计要求的，可采取钻孔进行注水、抽水、压水试验或开挖检查井渗水试验等方法进行渗透性检测，抽检数量符合设计要求；也可采用物探布线或检测孔内数字成像检验等技术进一步评价充填处理效果。

2）实测项目见表6.5.3。

表6.5.3 充填法实测项目

项次	实 测 项 目	规定值或允许偏差	检查方法和频率
1	充填材料检验	符合设计要求	抽样送检：在同一规格、同一级别的产品中随机抽取3个
2	压实度	符合规范要求	密度法
3	平整度（mm）	≤20	钢尺量

3）外观表面平整，排水顺畅，无坑洼积水。

6.5.4 注浆法

1 注浆设计应符合下列要求：

1）根据处治加固对象、目的与要求，确定注浆范围、注浆孔布设、孔深、孔径、孔斜、注浆材料、配合比和用量、注浆压力、注浆量、施工方法和顺序等。

2）宜采用花管注浆或袖阀管注浆，注浆孔宜采用矩形或梅花形布置，间距不宜大于2m×2m。

3）在地质、采矿条件复杂地区，注浆施工前应选择具有代表性路段作为试验段，按设计注浆孔总数的3%~5%进行现场注浆试验,试验内容包括浆液的配合比、成孔工艺、注浆设备、注浆施工工艺等。

4) 注浆压力不宜超过有效止浆段上覆岩体自重的1.0倍,终孔压力不宜超过1.2~1.5MPa。路基塌陷注浆压力宜控制在1.0~1.5MPa,桥涵、隧道等构造物区塌陷注浆压力宜控制在2~3MPa。

5) 路基塌陷处治浆液结石体的单轴抗压强度不应小于0.6MPa,桥涵、隧道等构造物区塌陷处治浆液结石体的单轴抗压强度不应小于2.0MPa。

6) 注浆充填率宜根据公路工程的性质确定,路基塌陷处治充填率应达到80%~85%,桥涵、隧道等构造物区塌陷处治充填率应达到90%~95%。

7) 注浆流量宜按30~60L/min控制。

8) 当注浆压力达到设计结束压力时,结束吸浆量应小于70L/min。

2 注浆施工应符合下列规定:

1) 注浆施工前应详细了解场地施工环境、设计要求及前期注浆试验成果,做好施工组织设计,减少行车对注浆质量的影响。

2) 注浆施工前应进行室内浆液配合比试验和现场注浆试验,以确定施工参数、施工方法、施工设备和工艺。有地区经验时,可参考类似工程经验确定施工参数。

3) 注浆处治的各类施工设备、现场试验室、注浆站、注浆材料应满足相关要求。

4) 注浆施工工序宜按"成孔→安放灌浆管并孔口封堵→搅浆→灌浆→待凝→封孔"进行。

5) 注浆时应控制好浆液的搅拌时间及注浆压力,连续注浆,中途不得中断。

6) 注浆遵循逐渐加密的原则,多排孔注浆时,宜先注边排、后注中间排。

7) 加强注浆过程控制,对注浆泵压、孔口压力、吸浆量、浆液浓度等做好注浆记录,动态调整注浆压力、注浆量及注浆时间,防止对路面结构及周边土体或结构物造成破坏。

8) 单层采空区注浆施工宜采用全孔一次注浆法;多层采空区注浆施工可采用下行式分段注浆法、上行式分段注浆法。

9) 当所处治的采空区邻近生产的矿井巷道时,应在井下修建止浆墙,避免浆液直接进入井下巷道;当所处治的采空区邻近废弃的矿井巷道时,应在巷道中修建止浆墙,避免浆液流失。

10) 对于岩溶塌陷区范围较大或裂隙与四周有连通的情况,宜先封堵再注浆。

11) 遇特殊情况时,可采用扩大注浆孔径、添加速凝剂、间歇压水、间歇注浆等方法。

12）注浆材料、注浆设备与机具及钻孔应符合设计要求，注浆孔孔位误差应小于10cm。注浆孔钻进结束后，应进行钻孔冲洗，孔底沉积厚度应不大于20cm。

13）各注浆段注浆的结束条件宜根据地质和地下水条件、浆液性能、注浆压力、浆液注入量和注浆段长度等确定。

14）出现下列情况之一时，应结束注浆：注浆量达到设计要求；注浆压力超过设计值；地面溢浆。

15）注浆结束后封孔注浆的压力可根据工程具体情况确定，一般不宜小于2MPa，封孔注浆持续时间不应小于1h。

16）注浆完成后，及时做好封孔处理并进行养护，并跟踪观测评价注浆效果。注浆效果的检验宜在注浆结束后28d进行，对检验不合格的注浆区应进行重复注浆。

3　注浆验收应符合下列要求：

1）注浆范围（平面、垂向），注浆钻孔的孔位、孔径、孔深和偏斜率等应符合设计要求。

2）注浆用水泥、砂、黏土、粉煤灰、水玻璃等材料的质量、检验项目及要求应符合设计和国家现行标准的要求。

3）注浆施工前，应进行试验段施工，论证设定的施工参数及加固效果。

4）浆液的配合比及主要性能指标，注浆的顺序、注浆过程中的压力控制值应符合设计要求。

5）应检查注浆体强度、承载力等，以评价注浆效果。

6）注浆实测项目见表6.5.4-1。对于桥梁、隧道等构筑物工程还应进行变形检测，检验标准应符合表6.5.4-2的要求。

表6.5.4-1　注 浆 实 测 项 目

项次	实测项目		规定值或允许偏差	检查方法和频率
1	原材料检验		符合设计要求	抽样送检：在同一规格、同一级别的产品中随机抽取3个
2	注浆效果	注浆体强度	符合设计要求	取样岩芯法：检查孔数为注浆孔总数的5%~10%，且不少于5孔（点）
		承载力		
3	孔位（mm）		±100	钢尺量：抽查总孔数的2%
4	孔深（mm）		±200	钢尺量：量测每根注浆管长度
5	孔径		符合设计要求	钢尺量：抽查总孔数的2%
6	钻孔偏斜率（%）		≤3	检查施工记录
7	注浆压力（与设计参数相比较）（%）		±10	检查压力表读数

表 6.5.4-2 变形检测项目

实 测 项 目	规定值或允许偏差
倾斜值（mm/m）	<3.0
水平变形值（mm/m）	<2.0
曲率值（mm/m²）	<0.20
下沉速率（mm/d）	≤0.17
连续6个月累计下沉量（mm）	≤30

7）加固范围内，注浆孔口部外观回填处理效果好。

6.5.5 跨越法

1 跨越法设计应符合下列要求：

1）综合塌陷区地质条件、公路等级、构造物类型、基础稳定性、施工技术条件与环境等因素进行设计，并应确保施工安全。

2）可根据具体情况选用桥梁跨越、地基板跨越、框架梁跨越等。

3）桩基按承载极限状态和正常使用极限状态进行设计，并根据具体情况进行承载力和稳定性验算。

4）宜采用简支结构，应考虑桩基和承台的稳定性，桩基底应置于稳定地层内。

5）采用梁、板、拱等结构跨越时，应根据塌陷范围、塌陷坑大小及形状、岩体强度、地下水等因素确定坑侧支承条件，坑侧支承岩土体应符合整体稳定性和局部承压的要求。

6）基底有不超过25%基底面积的塌陷区且塌陷体难以挖除时，宜在塌陷部位设置钢筋混凝土底板，底板宽度应大于塌陷区宽度，并采取措施保证底板不向塌陷方向滑移。

7）梁板式结构在支承体上的长度应大于梁高的1.5倍。跨越的钢筋混凝土板厚应满足强度要求，且不宜小于40cm。支承段岩土体的地基承载力应满足设计要求。

2 跨越法施工宜符合下列要求：

1）钻孔机具及施工工艺的选择应根据桩型、护壁措施、泥浆排放及处治等综合因素确定。

2）对采空埋深较大的端承桩，宜采用反循环工艺成孔或清孔，也可根据采空区覆岩稳定性和垮落、裂隙发育程度，采用正循环钻进、反循环清孔；不易塌孔的地层可采用空气吸泥清孔。

3）存在空洞、冒落物不密实及采空充水等特殊情况，沉渣厚度达不到要求时，根据现场试桩资料，及时调整设计参数，可采用桩端后注浆灌注法施工。

4）与地下河管道相连通的溶洞采用跨越法治理时，应在跨板区留设泄水、泄气孔，防止暴雨期间地下水位骤然上升引发"气爆""顶托"等问题。

5）采用钻、冲、挖掘作业成孔时，必须确保桩端进入底板持力层的设计深度；灌注桩成孔施工允许偏差应符合现行《公路桥涵施工技术规范》（JTG/T 3650）的有关规定。

6）桩基施工宜采用桩底后压浆工艺，施工参数应符合现行《公路桥涵施工技术规范》（JTG/T 3650）的有关规定。

3 跨越法验收应符合下列要求：

1）梁板跨越法工程质量检验应符合现行《混凝土结构工程施工质量验收规范》（GB 50204）的有关规定。

2）采用桩基法处理时，应在基桩检测符合要求后再进行下一步施工。受检桩应先进行桩身完整性检测，后进行承载力检测。当基础埋深较大时，桩身完整性检测和承载力检测应在基坑开挖至基底高程后进行。

3）材料、混凝土强度以及钢筋配置、强度应符合设计要求。

4）实测项目见表6.5.5。

表6.5.5 跨越法实测项目

项次	实测项目	规定值或允许偏差	检查方法和频率
1	原材料检验	符合设计要求	抽样送检：在同一规格、同一级别的产品中随机抽取3个
2	倾斜度（%）	<0.5	施工时吊垂线，检查施工记录、监理日志；全部
3	桩位（mm）	±100	全站仪测量：全部
4	桩径	不小于设计值	尺量：全部
5	桩顶高程（mm）	±50	全站仪测量：全部
6	桩底高程（mm）	±50	全站仪测量：全部
7	表面平整度（mm）	±10	尺量：不少于3点
8	单桩抗压、抗拔、水平承载力	符合设计要求	静载试验：总桩数的1%且不少于3根

5）桩顶、桩身外露面平顺、美观，不得有明显缺陷。

7 水毁

7.1 一般规定

7.1.1 水毁是指因河流洪水、暴雨山洪等因素引起的公路沿线设施受损或破坏的现象，可分为路基水毁（含排水系统水毁）和桥涵水毁两类。

7.1.2 应在汛前、汛中、汛后加强公路沿线水毁检查工作。

7.1.3 水毁防治工程勘察应查明地形地貌、气象及水文条件、洪水特征、水毁特征及发展趋势、对公路的危害程度，提出防治工程建议措施。

7.1.4 水毁防治工程勘察宜采用水文调查与工程地质勘察结合的方法，为冲刷计算、地基承载力、结构尺寸、排水等设计提供必要的参数。排水系统水毁防治工程采用地面调查为主的方法。

7.1.5 水毁防治工程设计应根据水文条件、工程地质条件、水毁成因、规模、发展趋势及危害程度，针对水毁主要原因确定防治方案。

7.1.6 水毁防治工程以恢复既有公路功能为主，应充分利用既有公路线位，通过对受损构造物的维修加固，完善支挡防护工程、防排水工程及交通安全设施等措施，恢复公路使用功能。水毁严重，导致部分路段丧失使用功能而无法修复时，宜按现行技术标准进行重建。

7.1.7 水毁防治工程设计应重视行洪能力调查，根据冲刷计算合理确定防护形式及基础埋置深度。

7.1.8 水毁防治应注重综合治理，兼顾防治工程与河流环境相协调，减少洪水对两岸及上下游河床的影响。

7.1.9 对重复水毁路段，宜加强致灾因素分析和工程方案比选，可考虑绕避。

7.1.10 水毁防治工程施工应制订施工安全方案，协调相关部门合理组织交通，注意防洪度汛，保障交通安全。

7.2 路基水毁

7.2.1 一般规定

1 临河路基受水流冲刷时,应根据河流特点、洪水特征、河床形态、河床地质等自然条件,以及通航要求、水利设施等情况,设置必要的防护工程、调治工程,提升公路抗灾水平。

2 设计洪水位以下宜设置封闭式防护工程,以提高路基抗冲刷能力。

3 易受洪水集中冲刷的水毁路基段,宜设置调治导流设施。

4 沿河路堤、河滩路和桥头引道等长期浸水路基,应设置适宜的防护措施。

5 当冲刷深度较深、水下施工困难时,可采用桩基础与其他防护的组合形式。

6 对于排水系统水毁,应及时修复和完善截排水系统。

7 排水系统末端存在影响结构稳定的冲刷坑时,应增设消能措施。

8 易发生开裂、错断等病害的土质区域排水沟渠,宜采取沟渠铺砌、基底夯实等处理措施;沟渠采用混凝土浇筑时,有条件的情况下宜设置构造防裂钢筋或钢丝;沟渠采用浆砌石或预制块铺砌时,底部应铺设防水土工布防渗。一般情况下,排水系统出水口宜采用消力池、散水等消能减冲措施。

7.2.2 养护检查

1 对沿线公路水毁风险点进行日常巡查,加强暴雨期间和汛期巡查,主要包括下列内容:

1)边沟、渗沟、跌水等排水系统有无淤塞,路面、路肩排水是否顺畅。

2)调治构造物、挡墙、护坡、涵洞基础有无冲蚀或损坏。

3)沿河路段的河床有无明显冲刷,路基有无掏空或下沉。

2 及时清疏各类排水系统、修复各类构造物、检修沿河防护设施。

7.2.3 勘察要点

1 水毁勘察宜以工程地质调绘和勘探相结合的方式进行,宜收集和查明下列主要内容:

1)水毁路段及其上下游的地形地貌、地质特征。

2)岸坡稳定情况及不良地质的类型、发展变化规律。

3)水毁路段的水力特征、洪(枯)水位高程、河流的冲淤变化规律,校核邻近路段水文资料。

4)水毁路基、防护工程、导流工程及桥涵部位的地层结构、岩土类型、土的粒径组成。

5）地基岩土的物理力学性质和承载力。

6）原有路基填料特性，水毁构筑物的设计、使用与变形损坏情况。

2 勘探应在充分分析既有资料的基础上进行，可采用挖探、钻探、物探等进行综合勘探，宜满足以下要求：

1）勘探线采用纵横向主要勘探线和辅助勘探线相结合的方式，孔距宜为20～50m，水毁多发段、地质条件复杂段应适当加密。

2）冲刷防护工程、导流工程勘探深度应至最大冲刷线或基础持力层以下稳定地层不小于3m，基岩出露或浅埋段钻孔宜揭穿强风化层。

3）室内岩土测试应根据现行《公路工程地质勘察规范》（JTG C20）中路基、河岸防护工程、涵洞、桥梁等测试要求进行。

3 应评价水毁路段场地的稳定性、水毁影响范围及危害程度，预测变形发展趋势，提出水毁治理方案建议，提供治理工程设计所需的岩土物理力学参数。

7.2.4 防治措施

1 路基水毁常用防护措施有挡土墙、护坡、植物防护、护坦、抛石防护、石笼、丁坝等，见表7.2.4。

表7.2.4 路基水毁典型防护措施

类型	照片	图示	适用条件
挡土墙			适用于边坡高度较高、坡脚延伸较远的路堤支挡防护，用于减少压占河道、收缩坡脚，增强路基稳定性
挡土墙+护裙			适用于既有防护设施基础掏空、外露，但主体结构完好，通过增设防冲护裙，提高抗冲刷能力的沿河路段防护

续上表

类型	照片	图示	适用条件
驳岸	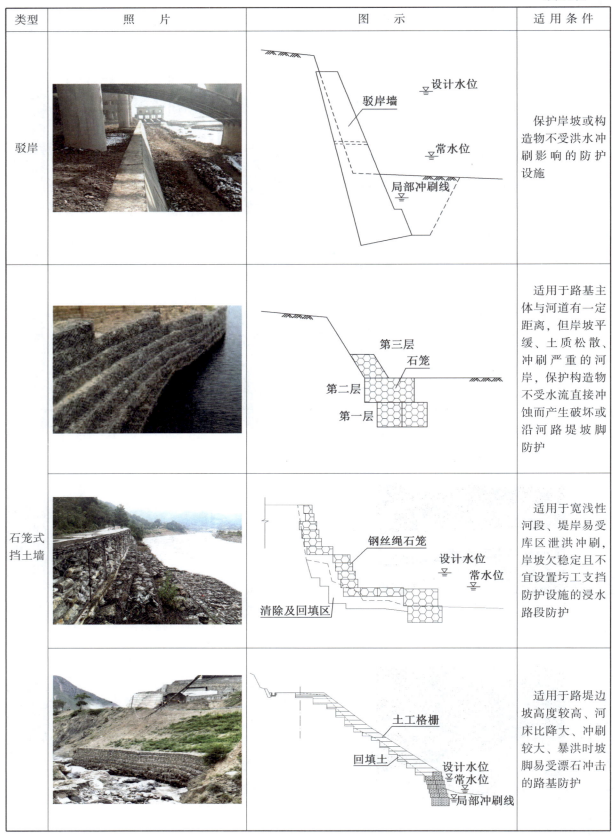		保护岸坡或构造物不受洪水冲刷影响的防护设施
石笼式挡土墙			适用于路基主体与河道有一定距离，但岸坡平缓、土质松散、冲刷严重的河岸，保护构造物不受水流直接冲蚀而产生破坏或沿河路堤坡脚防护
			适用于宽浅性河段、堤岸易受库区泄洪冲刷，岸坡欠稳定且不宜设置圬工支挡防护设施的浸水路段防护
			适用于路堤边坡高度较高、河床比降大、冲刷较大、暴洪时坡脚易受漂石冲击的路基防护

续上表

类型	照片	图示	适用条件
丁坝			适用于开阔河段以及宽浅顺直的变迁性河段，防止或减轻水流对岸滩产生冲刷的路基防护
顺坝			适用于水流分散的过渡段，分汊河段的分、汇流区，急弯和凹岸尾部，起到引导水流、调整岸线、防冲刷的作用

2 浸水挡土墙应符合下列要求：

1）临河路基位于峡谷河段时，宜采用浸水挡土墙直接防护。

2）水毁治理工程中，浸水挡土墙宜采用混凝土修筑。

3）浸水挡土墙设计根据路基横断面、地形、地质条件和地基承载能力，合理确定挡土墙位置、起讫点、长度和高度，进行抗冲刷验算及整体稳定性验算，做好浸水挡土墙与岸坡的衔接。

4）受水流冲刷时，按路基设计洪水频率计算冲刷深度，基底应置于局部冲刷线以下不小于1.0m，当施工难以实现时可与护坦配合使用。

5）为减轻路基填土对挡墙的影响，墙后可采用泡沫轻质土回填。

3 护坡、植物防护应符合下列要求：

1）浆砌片石护坡、混凝土板护坡适用于1.5m/s以上的较高流速，防护高度不低于设计洪水位以上50cm。

2）坡脚护坡基础宜采用片石混凝土浇筑，并应埋设在冲刷线以下不小于1.0m，或嵌入基岩内。当施工困难不能满足时，可与护坦、抛石等冲刷防护措施配合使用。

3）设计水位以上坡面可采用三维网植物防护；设计水位以下、常水位以上可采用钢筋混凝土框格护坡，框格内可采用客土绿化。

4 护坦应符合下列要求：

1）护坦可用于峡谷河段、弯道凹岸临河路基护坡或挡土墙基础的冲刷防护。挡土墙与护坡基础难以埋设在最低冲刷线之下时，可在基脚处设置护坦以减少冲刷。

2）为防止河道中洪水挟带巨石撞击破坏石砌护坦顶板，应采用较大石块砌筑护坦顶板，坐浆饱满，板厚不宜小于0.8m，垂裙的厚度不宜小于0.6m。顶板和垂裙宜采用片石混凝土，厚度不小于0.4m。

3）浸水挡土墙、护坡与护坦顶板连接处应形成整体。

4）护坦的基础（垂裙）下端埋在冲刷线以下的深度不应小于1.0m。当垂裙埋深较大而不易施工时，可在水下部分铺砌石笼。垂裙宜做成斜墙，以减小冲深。

5）护坦顶板和垂裙砌筑完成后，应采用较大粒径的卵砾石回填密实。

5 抛石防护应符合下列要求：

1）抛石可用于临河路基边坡及丁坝等坡脚和基础的冲刷防护，以及基础冲刷、掏空的抢险与治理。抛石护坡宜用于流速小于5m/s，经常浸水且水流方向较平顺，河床地层承载力较高且无严重局部冲刷的路基防护。

2）发现坡脚出现较小冲刷坑，或挡土墙基础局部外露，尚未影响路基结构安全时，可采用抛石填坑，并适当扩大抛石范围以防止冲刷。

3）抛石宜采用质地坚硬、耐冻且不易风化崩解的较大石块，其块径大小应根据流速、水深、浪高以及抛石边坡坡度等因素确定，一般不小于0.3~0.5m，流速大、波浪高及深水区时应采用较大块径的石料。当块径不能满足要求时，可用石笼代替。

4）抛石的边坡坡度视水深、流速和波浪情况而定，不应陡于所抛石料浸水后的天然休止角，抛石护脚的坡度宜缓于1:1.5。

5）抛石厚度一般为石料块径的3~4倍，采用大块径石料时，不得小于块径的2倍。

6）为防止抛石背后路基边坡填土流失，在抛石下铺设砂砾石反滤层或土工织物作为反滤层。

6 石笼应符合下列要求：

1）山区临河路基边坡或河岸，受急流冲刷或风浪冲击，且防护工程基础不易处理时，可采用石笼防护。

2）石笼金属丝网宜采用低碳热镀锌钢丝、铝锌混合稀土合金镀层钢包覆PVC或经高抗腐处理后的同质钢丝，采用机械绞合编织成六边形网孔的金属丝网片。当流速大，又有大石块、卵石滚动冲击时，不宜采用铁丝笼。可在石笼内浇灌小石子混凝土，或采用钢筋混凝土框架石笼。

3）金属网丝的防腐蚀年限应与护坡工程的设计使用年限相同。编制石笼时应保证各部分的尺寸正确，以便石笼之间紧密连接。组成石笼的金属网的网面钢丝直径不宜小于2.7mm，边端钢丝直径不宜小于3.4mm。组成石笼护垫的金属网的网面钢丝直径不宜小于2.0mm，边端钢丝直径不宜小于2.7mm。绞合钢丝直径不宜小于22mm。PVC包覆的金属钢丝直径不宜小于30mm。

4）石笼填充材料宜为坚固密实、不易崩解和水解的石料，块石的抗压强度不应低于30MPa；石料粒径宜为100~300mm，小于100mm的粒径不应超过15%，且不得用于石笼的外露面，空隙率不得超过30%。

5）填充材料应分层填筑，分层厚度宜控制在300mm以内，大块石间的空隙应采用小碎石充填密实。填充材料顶面宜高出箱笼体30~50mm，再进行封盖且用同材质的扎丝或扣件固定。

6）石笼箱笼的宽度和厚度不宜超过1.0m，长度不宜超过4.0m，箱笼内隔网的间距不宜超过1.0m。箱笼层与层间箱体应纵横交错，上下联结，不允许出现通缝。石笼墙背应设置一层透水土工布，以防止淤堵。

7）当石笼用于防止冲刷掏底时，可在河床上将石笼平铺并与坡脚线垂直，同时固定靠坡脚处的尾端。其铺设长度不宜小于1.5~2.0倍的冲刷深度。

8）当石笼用于防止坡面冲刷时，则采用垒码形式。若流速不大，可采用平铺于坡面的形式。

9）石笼箱笼体应埋置于最大冲刷深度以下1.0m。石笼下需用碎石和砾石整平做垫层，必要时底层石笼的各角用10~20mm的钢筋固定于基底土中。

7 丁坝应符合下列要求：

1）对于开阔河段以及宽浅顺直的变迁性河段的临河路基防护，可采用漫水丁坝群与护坡、挡土墙配合使用。对于峡谷河段、弯道凹岸，可采用短、低、圆的漫水丁坝群。

2）丁坝的平面布置宜根据整治规划、水流流势、河岸冲刷、防护范围等确定。必要时，可通过模型试验验证丁坝的平面布置。

3）丁坝常采用抛石丁坝、砌石丁坝，规模较大时也可采用充填袋填芯坝、土芯丁坝、沉排丁坝等结构形式。

4）丁坝的结构尺寸宜根据水流条件、防护要求、稳定需要、已建同类工程的经验分析确定。抛石丁坝坝顶的宽度宜采用2~3m，坝的上下游坡度不宜陡于1:1.5，坝头坡度宜采用1:2.5~1:3.0。

5）可根据实际情况，采取防冲盘、抛石或护坦式基脚等措施，加强对丁坝端部及周围的防护。坝面宜根据地质、水流和波浪条件，采用大块石、浆砌条石、浆砌块石或整体性较好的刚性结构护面。在河床易冲刷变形的河段，丁坝坝根与岸衔接处应加强防护。

8 顺坝和格坝应符合下列要求：

1）顺坝应与上下游河岸顺畅衔接，起点应选择在水流匀顺的过渡段，坝根宜设在主流转向点的上方，终点可与河岸连在一起，下游端与河岸留有缺口，以排泄坝后水流。

2）坝顶宽度应根据稳定计算确定，坝基应嵌入稳定河岸内 3~5m。迎水面边坡坡度为 1:1.5~1:2.5，背水面边坡坡度为 1:1~1:1.5。坝顶宜与中水位齐平，坝的长度可取河岸长的 2/3。

3）对于漫溢式顺坝，应在顺坝和堤岸之间设置格坝。格坝间距可取格坝坝长的 1.5~3 倍。

4）河口与滨海地区用于消浪保滩的顺坝宜布置在滩岸前沿，顺坝坝顶高程宜高于平均高潮位，迎浪面可根据风浪情况采用不同形式的异形块体。顺坝与岸之间可设置透水格坝。

5）坝面应根据地质、水流和波浪条件，采用大块石、浆砌条石、浆砌块石或整体性较好的刚性结构护面。

7.3 桥涵水毁

7.3.1 一般规定

1 桥涵及其附属物受水流冲刷时，应根据桥位河段地形、气象及水文条件、洪水特征、河道泥沙特征、既有工程条件及冲刷防护措施、水毁特征发展趋势以及对桥梁的危害程度等情况进行勘察，设置必要的防护工程，提升桥涵抗灾能力。

2 根据勘察成果，针对河段水沙运动特征、水毁主要诱发因素、水毁部位及规模，在水文水力、冲刷计算基础上，选择局部或整孔桥涵防护，必要时考虑增加调治构造物。

3 对于规模较大的桥涵水毁防治工程，应进行方案比选，并统筹考虑河道整治以及防洪措施。

4 涵洞水毁防治工程应在水文计算的基础上，针对水毁成因，选择适当的涵洞尺寸、进出口形式以及消能措施。

7.3.2 养护检查

1 对桥面设施和桥台附属构造物进行日常巡查，加强暴雨期间和汛期巡查，主要包括下列内容：

1）桥墩、桥台、调治构造物、护坡、引道、挡土墙等构造是否完好。

2）桥梁基础是否有冲刷脱空或损坏。

3）桥下有无树枝、杂物、漂浮物等淤堵河道，影响正常泄洪。

4）桥梁上游河道是否稳定。

5）桥梁附近有无采沙对河道产生破坏情况。

6）桥台锥坡有无垮塌、变形。

7）涵洞洞内有无淤塞、积水和冲刷。

8）涵洞洞身有无开裂，填土有无沉陷。

9）涵底、端墙、翼墙有无漏水，八字墙是否完整。

10）涵洞进水口是否堵塞，有无淤积，洞口铺砌有无冲刷、脱落。

2 汛期内检查除日常巡查之外，还要重点监测下列内容：

1）重点河段洪水位的变化。

2）洪水流量峰值。

7.3.3 勘察要点

1 桥涵水毁勘察宜以工程地质调绘和勘探相结合的方式进行，宜收集和查明下列主要内容：

1）桥梁、涵洞现状、损坏情况及现有交通状况。

2）桥梁上部结构、桥墩类型，基础类型及埋置深度，修建年代及主要养护记录。

3）河段 1:2000～1:10000 比例尺地形图。

4）桥位上下游涉河工程的分布、规模、运行情况。

5）桥位地区水文、气象资料。

6）河流的汇水面积、汇水区概况、比降、历史洪水、河床地质、河段防洪标准等。

7）河槽、河滩平均粒径，糙率及冲刷情况。

8）既有调治构造物及防护工程情况。

2 勘察成果应包括水文水力计算、冲刷计算、水位计算等，为设计提供相应参数和建议。

7.3.4 防治措施

桥涵构造物水毁灾害处治应结合水毁调查，明确成因及影响范围，根据专业检测评估报告、地质勘察报告、水文水力计算等，对受损结构从技术、经济、施工难易程度等多方面进行必要的方案比选，综合论证后合理确定处治措施。

1 对冲毁桥梁进行重建时，宜结合地区规划以及公路使用功能合理确定重建方案，新建桥梁设计标准宜按照现行标准执行。对无利用价值的工程结构，应全部拆除并恢复河道原貌。

2 对于河床比降大、河床冲刷严重的跨河桥梁，桥台与桥头路基相接段支挡防护设施应设置过渡段，过渡段长度不宜小于桥梁单孔跨径，支挡防护设施的设计洪水频率不宜低于桥梁设计洪水频率，并验算基础冲刷深度。

3 对于受损梁板出现的裂缝病害，可通过封闭或注浆进行处理。对于梁板混凝土剥落、钢筋锈蚀的部位，可采取除锈、聚合物砂浆进行修补。对于损伤较严重的梁板，可采用粘贴钢板、粘贴碳纤维布或体外预应力等措施进行加固。对于损伤严重、承载能力不足的梁板应进行更换。

4 采用顶升、顶推等措施对移位的梁体进行恢复，通过增设墩台限位装置等措施，增强梁板的稳定性。对损坏的支座应予以更换，对脱空的支座可采用填塞钢板或其他措施确保支座与梁体密贴。

5 对于防震挡块的裂缝，可采用注浆法进行封闭。对于损伤严重的挡块，应凿除原有混凝土，植筋后重新浇筑混凝土。对于缺少挡块的桥梁，宜增设挡块或采用横桥向弹塑性阻尼器代替挡块。

6 对于桥墩裂缝宽度小于0.15mm的轻微开裂，应对裂缝进行封闭；对于桥墩裂缝宽度为0.15~0.3mm的中度开裂，应对裂缝进行灌浆注浆处理；对于桥墩裂缝宽度大于0.3mm的严重开裂，对于裂缝深度达到受力钢筋但未超过桥墩截面高度的1/6，且裂缝深度未超过300mm时，应凿除裂缝或采用灌浆进行处理，可采用增大截面法、外包钢管法等对桥墩进行加固。

7 对于损坏的桥台锥坡应进行恢复，锥坡及基础宜采用混凝土，基础受冲刷影响时，应埋置于一般冲刷线以下不小于1m。锥坡填料应采用砂砾类土夯填密实。锥坡基础受水流冲刷影响严重时，可增设石笼等防护措施。

8 水流冲刷引起桥梁桩基外露时，需验算桩基承载力。如桩基承载力不满足要求，可采取加固、补强措施提高桩基承载力。桩基承载力满足要求时，对外露破损部位进行修复，防止桩基继续受冲刷或漂浮物撞击。

9 对桩基外露混凝土保护层小范围剥落、局部轻微破损的病害，可采用聚合物砂浆修复；对混凝土保护层局部松散、开裂、箍筋外露、锈蚀的病害，可采用挂设钢筋网片，浇筑小石子混凝土或高强聚合物砂浆修补；对混凝土破损开裂、箍筋损坏、主筋外露、锈蚀，桩基截面出现缩径现象，可采取增设补强钢筋及箍筋，浇筑小石子混凝土或外包钢套筒等措施进行修补。

10 桥梁桩基础加固主要是在桩基础的周围补加钻孔桩或打入预制桩或静压加桩，并扩大原承台，以此提高基础承载力、增加基础稳定性。

11 对于河床纵坡较大、冲刷严重的中小桥，可通过铺砌硬化河床等措施，改善水流对基础的冲刷影响。对于局部冲刷较大的桩基，可设置混凝土减冲设施。

12 为防止洪水、泥石流及夹杂的漂浮物等撞击桥墩、桩基，对撞击轻微的采用钢护筒防护，对撞击严重的采用防撞岛防护。

13 桥梁墩台扩大基础冲刷严重、出现脱空现象，或基础埋置太浅而墩台为圬工实体式基础时，扩大基础底面积应由地基强度验算确定。当地基强度满足要求而病害仅仅表现为不均匀沉降变形过大时，扩大基础底面积的大小主要根据地基变形计算来加以选定。在刚性实体式基础周围加石砌圬工或混凝土，以扩大基础的承载面积。

14 在涵洞上、下游河沟和路基边坡一定范围内，宜采取以下冲刷防治措施：

1）当河沟纵坡小于10%，河沟顺直且土质和流速许可时，可对进水口采用干砌片石铺砌加固。

2）当河沟纵坡为10%~50%时，除岩石沟槽外，沟底和沟槽侧向边坡以及路基边沟均须采用人工铺砌加固，加固类型由水流流速确定。

3）当进水口采用缓坡涵时，涵前沟底纵坡较陡，涵身纵坡较缓，在进水口段设置长度为1~2倍涵洞孔径的缓坡段。

4）当河沟纵坡大于50%时，流速很大，进口处宜设置跌水井，可采用急流槽与天然河沟连接。急流槽底每隔1.5~2.0m宜设一道防滑墙。为减缓槽内流速，可在槽底采取人工加糙措施。

5）为便于检查、养护、清淤，涵洞可设置养护阶梯。

15 在河沟纵坡小于3%的缓坡涵洞中，当出水口流速小于土壤的允许冲刷流速时，下游洞口河床可不做处理；当出水口流速大于或等于土壤的允许冲刷流速时，下游洞口沟床应铺片石进行加固或设置挑坎防护。

16 在河沟纵坡小于或等于15%的缓坡涵洞中，当出水口流速较小时，可对下游河床进行一般的铺砌加固，并在铺砌末端设置截水墙。其埋置深度不小于洞身或翼墙基础深度。截水墙外做干砌片石加固。出水口流速较大时，可延长铺砌石块或混凝土块，同时设深埋的截水墙，无冲刷时埋深不小于1m；如有冲刷，基底埋深应在局部冲刷线以下不小于1m；如地表有铺砌层时，基础底面宜设置在铺砌层顶面以下不小于1m。

17 在河沟纵坡大于15%的陡坡涵洞中，其洞口末端应视河沟的地质、地形和水力条件，采用出口阶梯、急流槽、导流槽、跌水、消力池、消力坎、人工加糙等特殊加固消能设施。

18　涵洞洞身损坏修复措施如下：

1）当涵洞跨径偏小时，应加孔或扩大跨径。

2）设计未预料到水力条件时，可按实际情况进行重新设计。

3）属于施工质量低劣的，按原设计修复；属于设计缺陷的，根据地形、地质情况增设防治排水工程，如增设跌水、急流坡、沉沙井、挑坎等。

4）涵洞位置不当，局部破坏的按原结构修复，并将引水沟槽改善顺适；全部破坏的则改建在适当位置。

5）当主河道不利演变时，可按原设计修复并随路线增设防护工程。

6）对于洞翼墙倒塌、洞身垮塌以及铺底冲毁的修复，依据水毁的成因有针对性地确定修复方案。

7）墙身鼓胀、开裂，盖板、拱圈开裂的，可采用衬套或注浆进行加固。

8）盖板变形的，主要采用加衬套或重做等方法进行加固。

19　对于宽度大于0.2cm的涵洞深裂缝，采用灌浆法进行处治，灌浆材料应具有一定的可灌性和耐久性。

20　当涵底及涵洞进出水口铺砌损坏数量较小时，可采用浆砌片石或混凝土恢复原样，损坏数量较大时可采用混凝土局部修复或重新铺砌。

8 其他灾害

8.1 一般规定

8.1.1 其他灾害是指除自然灾害综合风险公路承灾体普查的自然灾害类型以外，在新疆、西藏、内蒙古、甘肃等省区对公路通行存在一定影响的自然灾害，主要为风吹雪、雪崩、涎流冰、风沙。

8.1.2 其他灾害防治应结合当地自然气候条件，选择合理的防治措施。

8.2 风吹雪

8.2.1 一般规定

1 风吹雪防治应对当地自然地理、气象要素、灾害程度、积雪状况、风况、地质、地貌等资料进行调查收集，分析风吹雪成因、规律，提升合理的处治措施。

2 防雪设施的设置，宜合理运用风雪流运动基本规律，提升防雪设施效果。

8.2.2 调查要点

1 风吹雪调查宜包括下列内容：

1) 风吹雪路段地形地貌、气流活动规律、植被生长情况。

2) 路线走向与冬季主导风向关系，风吹雪频率、风速和持续时间，风雪流输雪量、积雪深度、积雪密度等。

3) 影响和控制路基设计要素的风吹雪分布范围、厚度和形成原因。

4) 路面及路侧积雪情况。

5) 因风吹雪或能见度不足造成交通中断的养护记录。

6) 当地防治风吹雪的工程措施和经验。

2 风吹雪调绘应符合下列要求：

1) 以 1:2000~1:10000 地形图为底图，调绘范围为公路中线两侧各不少于300m。

2) 结合路段地形地貌，垭口、河谷、阶地、迎风或背风斜坡等重点位置应布置调绘点，在图上逐段标出冬季主导风向。

3）确定既有公路风吹雪的分布范围、积雪深度等。

3 结合积雪类型、分布、厚度、形成条件及发育规律等评价其对公路工程的影响，预测迎风积雪、背风积雪、弯道绕流积雪、路堤积雪、路堑积雪的规模及危害程度，提出防治方案建议。

8.2.3 防治措施

1 风吹雪危害严重路段宜采用工程措施防治，主要包括：防雪栅、导风板、防雪墙、防雪网、浅槽风力加速堤、挂草网围栏等。

2 风吹雪危害较轻路段宜采用植物措施防护，主要包括：防雪林、育草蓄雪等。考虑植物生长周期长，可先采用工程措施防护，逐步实现工程措施与植物防护相结合。

3 防雪栅。

1）防雪栅可分为固定式防雪栅、移动式防雪栅、半固定网围栏式防雪栅三类，示意图分别见图8.2.3-1～图8.2.3-3。

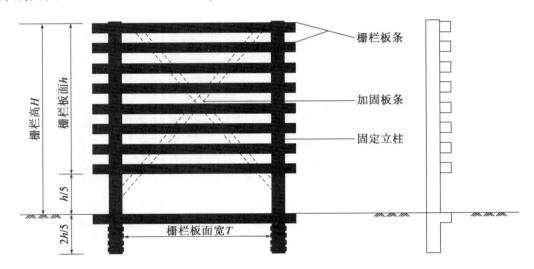

图8.2.3-1 固定式防雪栅结构示意图

2）防雪栅应布设于上风侧，与冬季主导风向垂直或接近于垂直。当雪害路段走向与风向交角小于40°时，不宜使用防雪栅；必须设置防雪栅的，可采用雁行式、人字形或折线形防雪栅。

3）固定式防雪栅宜布设于风雪流较小、持续时间久、风向变化不大、移雪量较小的路段。

4）移动式防雪栅宜布设于风雪流频发、风向多变、风力较大、移雪量较多和便于移动位置的路段。

5）半固定网围栏式防雪栅适用于草原牧区，宜布设于风雪流适中、持续时间久、风向变化不大的路段。

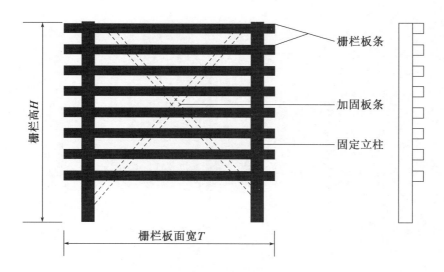

图 8.2.3-2 移动式防雪栅结构示意图

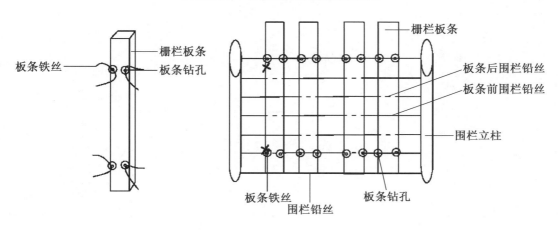

图 8.2.3-3 半固定网围栏式防雪栅结构示意图

6) 孔隙度为40%~60%的栅栏，适用于风吹雪较强、储雪场地较大的路段；孔隙度为20%~40%的栅栏适用于风吹雪较弱、储雪场地较小的路段。

4 导风板。

导风板应设在迎风面路肩上，示意图见图8.2.3-4，板面宽2~3m为宜，过风高度为1.0~1.3m。导风板对减少路上积雪作用明显，但无法提高能见度。

5 防雪墙。

1) 单层防雪墙。

(1) 高度：以输雪为主的防雪墙高1.5~1.8m为宜；以阻雪为主的防雪墙高1.8~2.0m为宜。最大自然降雪深度小于10cm时，一般设置1.5m高的土质防雪墙可满足公路防雪要求；最大降雪深度为10~30cm且地形不利于输雪时，一般设置2.0m高的石质单层防雪墙可满足公路防雪要求；最大降雪深度为30~50cm时，防雪墙高度不宜超过1.8m。单层防雪墙示意图见图8.2.3-5。

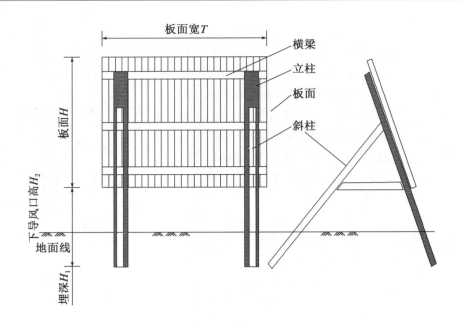

图 8.2.3-4　导风板结构示意图

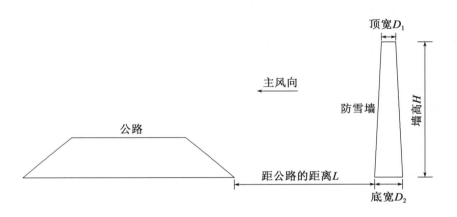

图 8.2.3-5　单层防雪墙示意图

（2）孔隙度：单层防雪墙的孔隙度不宜超过 40%。

（3）距路距离：单层、不透风防雪墙一般为墙高的 12～14 倍；单层、孔隙度为 40% 的透风式防雪墙与公路的距离一般为墙高的 14～16 倍。

（4）走向：宜与公路平行、与主风方向垂直。无法垂直时，推荐设置翼式防雪墙，示意图见图 8.2.3-6。

2）双层防雪墙。

双层防雪墙适用于降雪量大、雪源丰富的雪害重区，以及受地形限制不能设置具有输雪作用防雪设施的路段，示意图见图 8.2.3-7。设置参数如下：

（1）高度：以 1.5～2.0m 为宜。

（2）墙间距：根据墙的组合类型选取，第二道墙与第一道墙间的距离一般为第一道墙高的 14～20 倍。

（3）走向：宜与公路平行、与主风方向垂直。无法垂直时，推荐设置翼式防雪墙。

（4）距路距离：第二道防雪墙距路距离一般为 14～16 倍墙高。

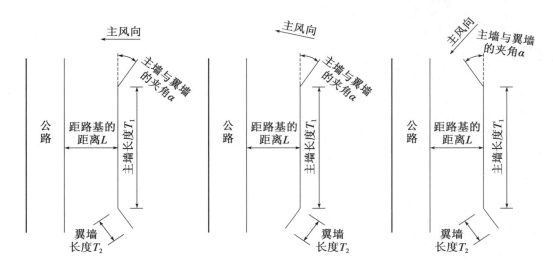

图 8.2.3-6 翼式防雪墙示意图

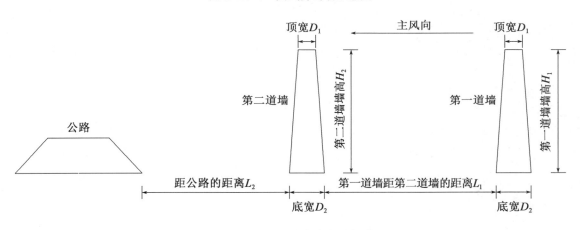

图 8.2.3-7 双层防雪墙示意图

6 防雪网。

防雪网是一种操作简单、成本较低、可重复使用、寿命期长的新型实用防雪设施。一般设置在公路上风侧，示意图见图 8.2.3-8。防雪网应采用具有抗高低温、耐老化、抗冲击性能的塑料网，孔隙度应介于 30%～60% 之间。

7 浅槽风力加速堤。

浅槽风力加速堤适用于公路上风侧地形起伏较小的低路基路段，示意图见图 8.2.3-9，设置参数如下：

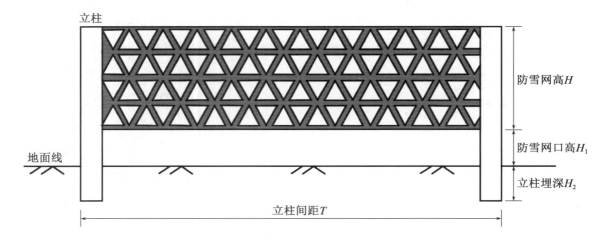

图 8.2.3-8 防雪网结构示意图

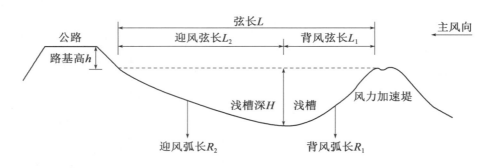

图 8.2.3-9 浅槽风力加速堤横断面图

1）设置位置：公路上风侧，主导风向与公路走向交角大于60°。

2）距路距离：一般为20～30m。

3）堤形状：一般顶宽0.6～0.8m，堤顶修整为圆弧形，坡比为1:2～1:4，迎风坡陡，背风坡缓。

4）堤高：一般为0.8～1.5m。

5）弦深比：一般为10:1～15:1。

6）弦长比：应小于1。

8 挂草网围栏。

挂草网围栏适用于草原区公路风吹雪路段，示意图见图8.2.3-10，设置参数如下：

1）透风度：紧密结构草网围栏，孔隙度为60%以上；疏透结构挂草网围栏，孔隙度为60%以下。

2）高度：一般1.2～1.8m较为适宜。

3）距路距离：一般为网高的16～20倍。

4）网围栏规格：一般采用水泥柱或钢筋柱，柱间网片长度以 15～20m 为宜；立柱为木桩时，桩间网片长度不宜超过 15m，建议采用 12m。网格尺寸一般为 20cm×20cm。

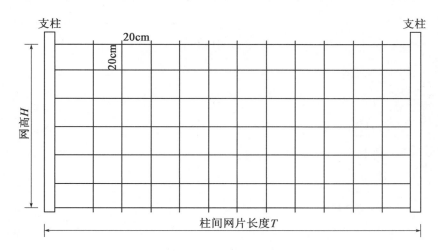

图 8.2.3-10　挂草网围栏平面示意图

9　育草蓄雪。

1）育草蓄雪是通过封育、补播、改良、人工播种等手段恢复、培育路域植被，增加植被高度、盖度，达到以草蓄雪、以草固雪、提高能见度的目的，属植物防护措施。

2）种植牧草高度应达到 20cm 以上，盖度应达到 60% 以上。

10　防雪林。

1）防雪林由数行林木组成，可缓和视程障碍和通行障碍，一般在公路迎风侧或两侧营造。

2）按树种类型可分为乔木林和灌木林；按树种组成可分为纯林和混交林；按结构可分为紧密结构防雪林、疏透结构防雪林和通风结构防雪林三类。

8.3　雪崩

8.3.1　一般规定

1　宜采用除雪机械清除自然积雪和雪崩。

2　山坡积雪到一定厚度，出现雪崩危险时，可采用炮轰击、人工爆破等方法分解雪层、雪檐，使部分积雪有序崩落，缩小雪崩规模，减少雪崩危害程度。

3　雪崩治理宜考虑山区特点，使用经济适用、便于维修、耐久的构造物，并进行试验后施工。

8.3.2　调查要点

1　雪崩调查宜包括下列内容：

1）历史上已发生雪崩的分布、类型、规模、时间、雪源、雪崩量及形成规律。

2）集雪区地貌形态、面积、高差、储雪条件、积雪厚度和储雪量。

3）雪崩运动区地貌形态、坡度、基岩岩性、地质构造、坡面植被情况。

4）雪崩分布的坡向、坡度、运动形式、发生规律、最大雪崩量和雪崩裂点位置。

5）雪崩堆积区形态、面积、位置、堆积特征。

6）冬季主导风向、风力、风速等。

7）冬季各月平均气温、极端气温、消融时间、降雪量、最大降雪强度、积雪深度、最大雪深、连续积雪天数等。

8）当地防治雪崩的方法和经验。

2 雪崩调绘应符合下列要求：

1）以1∶2000～1∶10000地形图为底图，调绘范围包括集雪区、运动区、堆积区。

2）充分收集路线附近的历史雪崩灾害资料，分别在积雪期和融雪期开展现场调绘，重点解译和调查分水岭、雪崩陡崖、坡面裂点、集雪区的地貌类型及形态特征、储雪条件、储雪量、运动区坡面形态及坡度、雪崩运动路线、堆积区分布和影响范围等。

3 结合雪崩类型、分布、规模及发育规律等，评价雪崩对公路工程的影响，提出防治方案建议。

8.3.3 防治措施

1 稳：采取山坡水平台阶和稳雪栅栏等工程措施，把积雪稳定在沟槽源头或山坡上。采用防雪栅及防雪墙避免形成雪檐，一般设置于距山脊及集雪漏斗上口7～10m处。主要稳雪措施有水平台阶、稳雪栅栏。

1）水平台阶是一种沿等高线开挖，在山坡上呈台阶状排列的土方工程。主要用于经常发生坡面滑雪的山坡或沟槽源头，适用于土层较厚，植被恢复较快，不易产生滑坡、泥流的山坡。水平台阶面宽度宜采用2.0m，台阶间距一般为15m左右。

2）稳雪栅栏是沿等高线设置于山坡，使雪就地稳定的工程措施，一般用于坡度较陡、土层较薄的山坡及沟槽源头。栅栏高度一般采用1.5～1.8m，露出地面的栅栏高度应等于或略大于该处山坡最大积雪深度，栅板宽与栅板间距一般采用10cm。立柱间距一般为2m左右，立柱与坡面角度应大于90°，以105°为佳。支柱与坡面成35°～40°为宜，支撑点位于立柱2/3处承压最大。稳雪栅栏可采用木材、钢材、钢筋混凝土、装配式钢筋混凝土构件等制作。稳雪栅栏的排列应沿等高线布置，也可根据地形变化预留2m左右的缺口。

2 导：雪崩沟槽末端采取的工程措施，可改变雪崩运动方向或将雪崩从公路上空导走。主要包括修筑导雪堤、修筑明洞或防雪走廊两种措施。

1）导雪堤是利用雪崩速度大，因势利导，改变雪崩主流线方向，使雪堆积在有足够空间的公路一侧或上方，从而减轻对通车的影响的一种土石方工程。导雪堤长度、高度应根据最大一次雪崩运动宽度和雪崩前锋高度确定。其设置部位与雪崩主流线成锐角，一般为30°。导雪堤可用土石构筑、片石压枝干砌、铁丝笼装片石干砌、混凝土填筑等。导雪堤基础应做稳定处理。

2）防雪走廊可达到雪崩由构筑物上部通过、保证公路畅通的目的。若公路通过长大而陡峻的雪崩沟槽，当雪崩频率高、雪量多，采用稳、阻、缓等工程难以消除雪崩危害时，宜采用防雪走廊。防雪走廊上方沟槽中可修筑辅助导雪墙或破雪堤。根据雪崩规模、冲击力大小，防雪走廊可采用木结构、钢筋混凝土结构，也可采用木顶水泥毛石砌支墙结构。海拔较高、地基存在多年冻土的路段不宜采用防雪走廊。

3 缓：在雪崩运动区设置障碍物，以减缓雪崩速度，削弱运动能量，使雪崩在远离公路处停止，达到保护公路的目的。主要措施有土丘、楔等。

1）土丘是在雪崩运动区中、下部，用土石堆起小丘，以设置障碍的形式达到雪崩停积的目的。土丘一般设置于土层较厚、坡度小于30°的雪崩沟槽内，土丘群布置采用间隙排列。土丘高度应大于该沟最大雪崩锋面高度。土丘施工应做好基础夯实、表面防风化处理，从上部坡体取土，不得开挖两侧及下边坡。

2）楔一般布置于沟槽雪崩运动区下部或堆积区上部，以分割、阻挡和滞留雪崩体的方式减缓雪崩速度。楔可用木材、石砌、水泥制成。

4 阻：在雪崩途经区，因地制宜地设置阻止雪崩向下运动的工程，如铅丝网、排桩、挡雪坝、阻雪栅栏等。

1）铅丝网是设置在沟槽雪崩运动区狭窄通道处的一种阻雪工程。适用于规模不大的沟槽雪崩沟，或在大规模雪崩沟槽中配合其他工程使用。铅丝网高度可根据沟槽最大雪崩前锋高度确定，一般采用3～6m。宽度可根据沟槽宽确定，一般不超过10m。宜设置在基岩区，支柱一般采用型钢，埋设深度应大于1m。

2）排桩一般修筑于规模较大的沟槽雪崩支沟口处，或规模不大的雪崩沟槽内。排桩可采用木材、混凝土预制或金属材料，高度由设置工程处最大雪崩前锋高度确定，施工中应夯实或加固处理排桩基础。

8.4 涎流冰

8.4.1 一般规定

1 涎流冰一般分为山坡型涎流冰和河谷型涎流冰。山坡型涎流冰一般采取设置聚冰沟、挡冰坝的措施进行治理。河谷型涎流冰流量较大、范围较广，一般采取提高路基、增设桥涵、增大桥涵孔径的措施进行治理。

2 依据地形、地质条件，通过技术经济比选，采取绕避、拦截或疏导方式治理涎流冰。

8.4.2 调查、勘察要点

1 涎流冰调查宜包括下列内容：

1）地形地貌、地层岩性、气候条件及植被生长情况。

2）涎流冰类型、分布范围、厚度、发育规律、规模大小及对公路工程的影响和危害程度。

3）地下水露头的类型、流量、水温及其动态变化情况。

4）形成涎流冰的地表水水源、流向、流量及随季节变化情况。

5）当地防治涎流冰的措施与经验。

2 涎流冰勘察采用调绘为主、勘探为辅的原则，宜在冬季进行。

3 涎流冰调绘与勘探宜符合下列要求：

1）充分结合公路构筑物设置进行调绘。

2）根据涎流冰类型、分布及构筑物类型和规模确定勘探点位置和数量；勘探深度应至当地最大冰冻深度或不透水层以下不小于1m。

3）地下水宜取样进行水质分析。

4 根据涎流冰发育特征和路线位置，分析涎流冰对公路工程的影响和危害程度，提出处治方案建议。

8.4.3 防治措施

1 有汇流引排条件的挖方路段，可在山坡上设置截、排水暗沟将涎流冰引排至路基影响范围以外；无汇流引排条件且有侧向空间的路段，可设置聚冰坑、挡冰墙，聚冰坑或挡冰墙应按近年最大聚冰量计算容积或墙高。

2 对以地下水出露为主的涎流冰，选择在路基上方设置渗沟，将涎流冰引排至路基下方影响范围以外；对以地表漫溢为主的涎流冰，在路基上方间隔设置挡冰墙或挡冰堤，对夏季水流较大的沟谷，挡冰墙或挡冰堤应预留排水通道；对于水流量较大、冬季涎流冰较严重的填方路段，可增设桥涵构造物跨越涎流冰。

3 采用渗沟、暗沟等地下排水设施时，应设在冻结线以下，并做好出水口保温措施。

4 提高路基。对于聚冰量不大的涎流冰，可采用提高路基的方式处治。路基高度应高于涎流冰最高顶面0.5m，筑路材料应选用水稳性较好的碎砾石等材料。

5 修建桥涵。

1）河水流量较大、冬季有涎流冰的河谷，可修建桥涵跨越。

2）桥涵孔径和净空除按暴雨流量、大洪水流量进行设计外，以历年最高涎流冰冰位及融雪水洪峰水位进行验算，桥涵净空应满足历年最高涎流冰冰位加壅冰高度加0.5m安全高度的要求。对河谷涎流冰，可增大桥涵净空，涵心可换填透水性砂砾料。桥涵台身宜选用现浇混凝土结构。涵洞进口附近可采取清理沟床、加深和清理河道或设置聚冰坑等措施。

3）设置桥涵时，应遵循"早接远送"原则，对桥涵上下游河道或沟谷进行疏导和岸坡防护，做好与排导沟的衔接处理。

6 地下排水措施。

1）主要由集水渗池（或渗井）和排水暗管（保温渗沟或渗沟）两部分组成。必要时暗管与渗池接头处可设置集水井兼作检查井；出口处可采取保温措施或设置出口集水井。

2）集水渗井适用于设置在较集中的山坡地下水露头处；渗池适用于汇集分散的山坡下水。

3）渗池位置应与公路大致平行，其接触水源的面应与水流自由方向垂直，根据水流方向可建成直线形或折线形。

4）渗井、渗池与暗管、渗沟在季节冻土地区均应埋设于冻结线以下土层中。对于水量较大、水温较高的地下水露头，可在边坡上修建渗池或渗井，并设暗管排出水流，宜采用浆砌片石封闭边坡。

5）暗管或渗沟出口应防止水流冻结和冲刷。暗管（渗沟）出水口应尽量设在较陡坡地或高出地面0.5m以上。冻害严重地区出水口应采取保温措施，或开挖纵坡大于10%的排水沟，以防水流冻结。必要时出水口可设出口集水井。

6）严寒地区，可在暗管主出水口上方设置副出水口，副出水口下方应设挡冰堤。

7 聚冰沟与聚冰坑。

1）对于冲积扇或缓坡涎流冰，可在路基上边坡外设置聚冰沟。聚冰沟可设置多道，第一道聚冰沟宜从水源起顺山坡或沟谷布设。

2）根据地形、地质、水量、聚冰量确定聚冰沟横断面，沟深一般为1~2m。水量较大或为温泉时，沟顶可设保温盖层。

3）聚冰坑可由加大边沟或超挖边坡而成，大小由所需聚冰数量确定。

8 挡冰墙。

挡冰墙一般修建在路肩外或边沟外，可采用浆砌片石块石筑成，当采用干砌时，宜以大块石砌筑。挡冰墙高度应根据涎流冰量确定，一般为100～150cm，顶宽40～60cm。基础埋置深度应按土质积冰量及当地冰冻深度确定。当积冰量较大时，可与聚冰坑配合使用。

9 挡冰堤。

挡冰堤修筑于路基外、山坡地下水露头下侧或沟谷桥涵上游，以阻挡涎流冰，减少其漫延范围。挡冰堤一般高0.8～1.2m，堤顶宽0.6～1.0m，边坡不宜陡于1:1.5，当采用干砌片石时，可陡至1:0.5。

10 挡冰栅栏。

1）山坡上的涎流冰，可采用柴草、草皮或石砌长堤予以拦截。沟谷内一般采用干砌石堤，挡冰堤长、宽、高和道数按地形及涎流冰数量确定。山坡挡冰堤一般高80～120cm，顶宽40～60cm，可设一至数道。第一道堤围绕地下水露头修筑，堤顶应高于地下水含水层顶面。沟谷的干砌挡冰堤，可适当加高、加宽，堤下游坡度不宜陡于1:1。挡冰堤基础埋置深度按当地土质和冰冻深度确定。

2）挡冰栅栏沿沟谷埋设于水源与公路之间，数量和高度可根据涎流冰严重程度、沟谷纵坡和当地材料情况确定。栅栏立柱采用打桩或埋桩方式置入地面下80～100cm，横向采用树条或其他材料纺织成栅栏。

11 冻结沟。

冻结沟应设在边坡顶3m以外覆盖层较薄的地段，挖至含水层为止。一般沟底宽1m左右。冻结沟宜在秋末开工，于冬季封冻前完成。地表径流较大时，冻结沟应设一定纵坡。

8.5 风沙

8.5.1 一般规定

1 风沙防治应对当地自然地理、气象要素、灾害程度、积沙状况、风况、地质、地貌等资料进行调查收集，分析灾害成因、规律，提出合理的综合处治措施。

2 防沙设施的设置，宜合理运用风沙运动基本规律，提高防治设施效果。

8.5.2 调查、勘察要点

1 风沙调查宜包括下列内容：

1）风沙地区气温、风向、风速及降水情况。

2）风沙地貌的成因、类型、规模、形态特征、排列方向、分布范围。

3）沙源、沙丘的移动方向、速率和风沙流活动程度。

4）地表物质组成、颗粒级配、表层结皮情况、干沙层厚度、土壤盐渍化程度。

5）风积沙的覆盖层厚度及性质，下覆地貌形态、地层岩性和地质构造。

6）当地植物种类、覆盖度、生态特征及固沙作用。

7）地下水的类型、埋深、赋存形式、补给来源、水质、富水性及动态变化情况。

8）当地沙害防治工程经验。

2 风沙勘察以调查为主，包括收集历史资料、现场工程地质调绘两部分，必要时辅以钻探、取样试验等工作。

3 风沙灾害调绘与勘探应符合以下要求：

1）沙垄、沙丘、风蚀洼地、岩石和地下水露头等应布置调绘点。

2）查明风积沙厚度、地层结构，宜采集代表性样品，对其物质成分、有机质含量和含盐量等进行测试。

3）针对控制和影响路线方案的沙丘、风蚀洼地布置勘探断面，宜采用挖探、钻探、物探、原位测试等进行综合勘探，测定颗粒组成、矿物成分，测定沙层含水率，分析风沙物质来源。

4）查明地下水类型、埋深、赋存形式及水质情况。

4 根据沙丘与沙地活动程度、土地沙漠化程度、风沙流速度等综合分析确定风沙危害程度，提出处治方案建议。

8.5.3 防治措施

1 阻沙措施。

1）阻沙措施的作用在于拦截风沙和限制积沙移动。阻沙设施一般可分为墙式、堤式、带式、栅栏式四种。

2）阻沙设施适用于沙源极为丰富的流沙地区，一般应在路基 80~150m 外的上风侧布置 1~2 道，栅式沙障露出地面 1.20~1.50m，埋入沙中不小于 0.30~0.50m。设置阻沙设施时，尽量选择有利地形。

3）阻沙墙可以限制墙体附近的沙丘移动，设置多道阻沙墙，间距小于或等于 25 倍墙高时，也可达到同样的阻沙效果。

4）要求形成有规律的吹蚀与堆积地带时，可平行设置两道以上阻沙设施。间距为高度的 40~50 倍时，阻沙设施附近可形成积沙带，在其间则形成一个以吹蚀为主的区域。

5）阻沙设施材料可选用柴草类、尼龙网、土体、砖、植物等。有条件时，可采用乔灌结合的植物沙障。

2 固沙措施。

1）固沙措施的作用在于稳定沙地表面，抑制流沙活动。常用固沙措施主要为设置沙障，分为平铺式和立式。

2）平铺式沙障是将砾石、黏性土或其他材料平铺于沙面上，或利用加固剂固沙，可以防治风蚀，多用于路基两侧沙漠的防护。

3）立式沙障是利用芦苇、柴草等材料竖直设置或扎成草把水平放置，也可将黏土、砂砾等材料加固成沙埂，以降低近地表的风速，抑制就地起沙，并阻挡部分外来流沙，具有固沙和一定的阻沙作用。立式沙障与路基之间的距离，低立式沙障须大于20m，高立式沙障须大于50m。

3 输沙设施。

1）输沙设施的作用在于通过增强风力或改变下垫面性质，使过境流沙顺利通过路基而不产生堆积，包括浅槽、风力堤和聚风板三种形式。

2）浅槽和风力堤输沙适用于路线与主导风向交角为45°~90°路段的流动沙丘，由浅槽和风力堤与路基平顺衔接而成。

3）浅槽输沙适用于平坦的流动沙地和风沙流地区，主要用于防治风沙流对路基的危害。

4）聚风板输沙适用于防治路基局部沙害。

5）风力堤顶应高于邻近沙丘0.3~0.5m，堤顶宜设成流线型，迎风坡坡度一般以1:4为宜。

6）浅槽和风力堤表面均应封闭，迎风面封闭厚度5~10cm，背风部位3~5cm。

7）当邻近沙丘高于风力堤或风沙流沙源较为丰富时，可根据情况采用破坏沙丘落沙坡、控制沙源补给及设置有规律的吹蚀和堆积平衡带等辅助措施。

8）聚风板板面高度一般为3m左右，开口高度一般为1.5~2.0m，板面宜固定在木桩上。

9）聚风板多采用木板或其他材料，板料来源有困难时，可用柴草或枝条编织成笆块代替木板，笆块表面应用黏土抹面，勤加维修。

10）聚风板一般设置于迎风侧路基，设置长度应大于需要清除积沙的路段长度。聚风板应向迎风方向倾斜，倾斜角以70°~80°为宜。

11）当主风向与路线成30°~90°交角时，应慎用聚风板。

4 导沙措施。

1）导沙措施的作用在于采用导流方法借助风动力作用，改变风沙流或沙丘运动方向，使沙堆积于无危害处；可分为导沙墙和导沙板两种类型。

2）导沙措施主要适用于主风向与路线成25°~30°斜交情况下的流沙防护。

3）导沙设施易产生次生沙害，应慎用。

5 植物固沙。

1）植物固沙是一种根本措施，可降低风速、削弱和抑制风沙活动，且可固结其周围沙粒，促进沙的成土作用，改变沙地性质，使流沙趋向固定。

2）植物固沙包括种草、种植灌木和乔木等形式，可采用草、灌木和乔木相结合的方法固沙。